PODER AL SERVICIO

PODER
AL SERVICIO

UNA INTRODUCCIÓN
AL PENSAMIENTO POLÍTICO
CRISTIANO

Willem J. Ouweneel

Traducción de
Adolfo García de la Sienra

PAIDEIA PRESS LTD.
2024

Primera edición, 2024

Ouweneel, Willem J.
Poder al servicio. Una introducción al pensamiento político cristiano
Traducción de Adolfo García de la Sienra
Jordan Station, Ontario, Cántaro Institute, 2024
Título original: *Power in Service. An Introduction to Christian Political Thought*
ISBN: 978-1-990771-82-8
Paideia Press 3248 Twenty First St., Jordan Station, Ontario, Canada, L0R 1S0.

ISBN: 978-1-990771-82-8

RECONOCIMIENTOS

Las siguientes personas merecen un reconocimiento por su contribución a este volumen. Éstas incluyen a: John Hultink, por patrocinar su publicación; Kerry Hollingsworth, por maquetar y hacer la tipografía de la primera edición de este libro; y a Deanna Smid, por indizar este volumen. La indización de esta traducción estuvo a cargo de Luz María Suárez Vicuña.

"Y Jesús se acercó y les habló diciendo: Toda potestad me es dada en el cielo y en la tierra. Por tanto, id, y haced discípulos a todas las naciones, bautizándolos en el nombre del Padre, y del Hijo, y del Espíritu Santo; enseñándoles que guarden todas las cosas que os he mandado; y he aquí yo estoy con vosotros todos los días, hasta el fin del mundo".

Mateo 28:18-20

"Por causa del Señor someteos a toda institución humana, ya sea al rey, como a superior, ya a los gobernadores, como por él enviados para castigo de los malhechores y alabanza de los que hacen bien. 15 Porque esta es la voluntad de Dios: que haciendo bien, hagáis callar la ignorancia de los hombres insensatos; como libres, pero no como los que tienen la libertad como pretexto para hacer lo malo, sino como siervos de Dios. Honrad a todos. Amad a los hermanos. Temed a Dios. Honrad al rey".

1 Pedro 2:13-17

CONTENIDO

CAPÍTULO 3

CAPÍTULO 4

CAPÍTULO 5

CAPÍTULO 6

LOS DOS REINOS   97

CAPÍTULO 7

CREACIÓN Y RE-CREACION   117

Acerca del autor

Willem J. Ouweneel (1944) obtuvo su Doctorado en Biología en la Universidad de Utrecht (Países Bajos, 1970), su Doctorado en Filosofía en la Universidad Libre de Ámsterdam (Países Bajos, 1986), y su Doctorado en Teología en la Universidad del Estado Libre de Orange en Bloemfontein (República de Sudáfrica, 1993). Entre muchas otras cosas, ha sido profesor de Filosofía de la Ciencia para las Ciencias Naturales en la Universidad para la Educación Superior en Potchefstroom (República de Sudáfrica, 1990-1998), y profesor de Filosofía y Teología Sistemática en la Facultad Teológica Evangélica en Leuven (Bélgica, 1995-2014). Es un prolífico escritor (principalmente en neerlandés), y ha predicado en más de treinta países. Ha sido en varias veces candidato postulado por partidos políticos cristianos holandeses.

PREFACIO

El editor de este libro me invitó amablemente a escribir esta introducción a la teoría política cristiana. Es parte de una serie de introducciones —no libros académicos, con muchas notas eruditas a pié de página y bibliografías extensas, sino de una naturaleza accesible, apropiada para estudiantes en los últimos años de la preparatoria, o los primeros años en la universidad, así como para el público en general.

El primer volumen de esta serie es una introducción a la filosofía cristiana. Para una comprensión adecuada de la presente introducción a la política se recomienda encarecidamente leer primero este volumen anterior. En este breve estudio se investiga el fenómeno del Estado en el contexto de la noción bíblica del Reino de Dios. Esta noción no sólo es de interés teológico, sino también de gran importancia en muchos otros estudios cristianos, especialmente en estudios sociales y tratados relacionados con el Estado y la política cristiana.

Es importante señalar que, cuando utilizo la palabra "Estado" a lo largo de este libro, no me refiero (por ejemplo) a los cincuenta estados que juntos forman los Estados Unidos de América, sino al Estado-nación en su conjunto, en este caso, el Estado-nación estadunidense.

Personas que me han ayudado enormemente a través de sus escritos o consejos personales son, en orden alfabético, el filósofo holandés Dr. Herman Dooyeweerd (†1977) (especialmente su libro *De christelijke staatsidee* [*La idea cristiana del Estado*]), el Dr. Stuart Fowler, nacido en Australia (especialmente sus libros *The State in the Light of the Scriptures* y *Christian Schooling*), el abogado holandés André Rouvoet (especialmente su libro *Reformatorische staatsvisie* [*Visión reformacional del Estado*]; desde 2007 hasta 2010, Rouvoet fue ministro de asuntos de juventud y familia en el gobierno holandés), el Dr. Egbert Schuurman (ex senador en los Países Bajos; especialmente su libro *Reformatorische cultuurvisie* [*Visión reformada de la cultura*]), el sudafricano Dr. Herman J. Strauss (†1995) (especialmente su libro *Staatsleer* [*La ciencia del Estado*]), y el teólogo y filósofo holandés, Dr. Andree Troost (†2008) (especialmente su libro *Geen aardse macht begeren wij* [*No deseamos poder terrenal*, una cita de la traducción holandesa de un conocido himno de Lutero, "Castillo fuerte es nuestro Dios"]).

El presente estudio es una elaboración libre de una publicación holandesa mía: *Regem Habemus: Het Koninkrijk Gods en de staat* (*Regem Habemus: El Reino de Dios y el Estado*, 1995), escrita para la Fundación Marnix van St. Aldegonde de la Federación Política Reformacional (RPF). Éste fue uno de los partidos políticos cristianos en ese momento en los Países Bajos, el cual luego se fusionó en la ChristenUnie (Unión Cristiana). Desde 2007 hasta 2010, la ChristenUnie —atrayendo a votantes reformados y evangélicos, e incluso a algunos católicos romanos— fue un socio de coalición en el gobierno holandés de ese entonces.

Las citas bíblicas en este libro son generalmente de la versión Reina-Valera 1960. Si se utilizan otras traducciones, esto se indica (por ejemplo, NIV).

Willem J. Ouweneel
Zeist (Países Bajos)
Otoño de 2013

CAPÍTULO I

¿QUÉ ES EL REINO DE DIOS?

Cuando, en la ciudad francesa de San Quintín, los hugonotes fueron sitiados por los españoles (1557), una flecha fue disparada desde fuera, sobre la muralla de la ciudad. Cayó en la plaza del mercado. Un pequeño papel estaba adjunto a ella, en el cual estaba escrita una demanda arrogante de rendición. El gran líder de los hugonotes era Gaspard de Coligny, quien quince años más tarde sería asesinado durante la llamada "Masacre de San Bartolomé" (1572), y cuya hija Louise se casó con Guillermo de Orange (Guillermo el Silencioso), "padre" de la nación holandesa. Ambos hombres son antepasados del actual rey holandés, Guillermo Alejandro. De Coligny dio la orden de devolver la flecha al enemigo con una pequeña nota que decía, *Regem habemus*, "¡Tenemos un Rey!". Lo que de Coligny aparentemente quería decir era: No nos subestimen. ¡Tenemos un Rey poderoso de nuestro lado, que es el Rey de reyes! Si no es su voluntad, no podrán emprender nada contra nosotros.

El Reino aún está avanzando

Esta respuesta nos recuerda la palabra del Señor Jesús a Poncio Pilato, la cual nos dice mucho sobre la naturaleza del Estado-nación y su relación con el Reino de Dios: "No tendrías ningún poder sobre mí si no te fuera dado de arriba" (Juan 19:11). Es el Rey mismo quien habla aquí: el prisionero

1

encadenado, que está ante las autoridades terrenales, el hombre que, algo más tarde ese día, iba a ser "crucificado en debilidad" (2 Cor. 13:4), es el Rey de reyes y el Señor de señores (Ap. 17:14; 19:16). Incluso hoy, después de tantos siglos, su reino sigue "avanzando con fuerza" en este mundo (Mat. 11:12), no a través del poder de las armas, ni a través del poder de las acciones políticas como tales, sino a través del Espíritu Santo que abre los corazones de las personas. "No con ejército, ni con fuerza, sino con mi Espíritu", dice el Señor Todopoderoso (Zac. 4:6).

Es el viento del Espíritu el que sopla dentro de este Reino de Dios. Sopla a través de vidas, matrimonios, familias, iglesias, incluso a través de escuelas, empresas y estados, y pone a individuos y relaciones sociales bajo el dominio de Jesucristo. Debido al Espíritu Santo, es un Reino de poder; como dice Pablo, "el reino no es cuestión de palabras [es decir, de palabras vacías] sino de poder" (1 Cor. 4:20). En relación con el Reino, Jesús dijo a sus discípulos, "Recibiréis poder cuando el Espíritu Santo venga sobre vosotros" (Hechos 1:8). El Reino de Dios es un dominio de poder. Ya durante su ministerio terrenal, Jesús dijo a sus oponentes, "si expulso a los demonios por medio del Espíritu de Dios, eso significa que el Reino de Dios ha llegado a ustedes" (Mat. 12:28 NIV). Es decir, donde se manifiesta el poder del Reino, allí ha llegado el Reino mismo.

El testimonio de De Coligny no implicaba que, porque *su* Rey era más poderoso que el rey español, Felipe II, nada malo podría sucederle. Al contrario, poco después la ciudad de San Quintín fue tomada por los españoles y de Coligny fue hecho prisionero hasta la paz de 1559. Su testimonio implicaba más bien que, pase lo que pase con un cristiano, él se aferra inquebrantablemente a la realeza de Cristo y a la certeza de fe de que ningún mal podría sobrevenirle sin la voluntad de aquel a quien todas las "autoridades y potestades" han sido sometidos (1 P 3:22; cf. Ef. 1:21-22. "¿No se venden dos pajarillos por un cuarto? Y ni uno de ellos cae a tierra sin el consentimiento de vuestro Padre" (Mat. 10:29). Los creyentes pueden ser tan "débiles" como su Rey crucificado; pero su triunfo final es tan seguro como el del propio Rey. Es bajo *sus* pies que, al final, el Dios de paz aplastará a Satanás (Rom. 16:20).

Los dos reinos

Es mi convicción que la noción de "política cristiana" —sea lo que sea, eso aún está por verse— no puede separarse de la noción del Reino de Dios. Este Reino es, en primer lugar, muy simplemente el gobierno general de Dios sobre todas las cosas creadas, desde la fundación del mundo hasta la eternidad (cf., por ejemplo, Éx. 15:18, "El Señor reina [o es Rey] por los siglos de los siglos"). En segundo lugar, y más específicamente, es la manifestación del consejo de Dios de poner este reino bajo los pies del hombre, y confiar el dominio del mundo a su cuidado (Gén. 1:28, "llenad la tierra y sojuzgadla. Dominad ... toda criatura viviente"). El primer hombre, el "primer Adán" (cf. 1 Cor. 15:45), ha fallado totalmente en esto ya que, a través de su caída en pecado, Adán entregó su dominio al poder del pecado, la muerte y Satanás (Gén. 3). Este es un aspecto de la caída que no se subraya a menudo pero que es de gran importancia.

De hecho, Satanás pudo decirle verdaderamente a Jesús que toda la autoridad y esplendor de los reinos de este mundo le habían sido "entregados" (Lucas 4:5-6) —y Jesús no lo negó. Al contrario, en otra ocasión, reconoció que hay algo en este mundo que puede llamarse el "reino" de Satanás (Mat. 12:26). Tres veces Jesús llamó a Satanás "el príncipe [o, gobernante] de este mundo" (Juan 12:31; 14:30; 16:11). Pero también pudo decir que, a través de su venida a este mundo y su manifestación del poder de Dios, era evidente que el Reino de Dios había llegado (Mat. 12:28). Satanás, desde el Calvario un rebelde sentenciado, nunca podrá competir con este Reino, sin importar cuánto ruido haga todavía, "rondando como un león rugiente" (cf. 1 P. 5:8).

Lo que el "primer Adán" ha arruinado, el "postrer Adán" va a restaurar (cf. 1 Cor. 15:45-47; luego vv. 24-28). En sus manos está la "restauración de todas las cosas" (Hechos 3:21 NIV). Si miramos el Salmo 8 a la luz de Hebreos 2, esta transición del primero al segundo Adán se ilumina maravillosamente. El Hijo del Hombre, bajo cuyos pies se ponen todas las cosas creadas, ya no es (el primer) Adán, sino que "vemos a aquel que fue hecho un poco menor que los ángeles, a Jesús, coronado de gloria y de honra, a causa del padecimiento de la muerte, para que por la gracia de Dios gustase la muerte por todos" (v. 9).

En el Antiguo Testamento, la venida del Reino de Dios en esta nueva forma mesiánica se anuncia muchas veces. Un hermoso ejemplo es Isaías 9:6-7, "porque un niño nos es nacido, hijo nos es dado, y el principado sobre su hombro; y se llamará su nombre Admirable, Consejero, Dios Fuerte, Padre Eterno, Príncipe de Paz. Lo dilatado de su imperio y la paz no tendrán límite, sobre el trono de David y sobre su reino, disponiéndolo y confirmándolo en juicio y en justicia desde ahora y para siempre.".

Tanto Juan el Bautista como el mismo Jesús pudieron decir en su tiempo que ahora el Reino de Dios se había "acercado" (Mat. 3:2; 4:17). En la persona del Rey, el Reino de Dios mismo había llegado. Como Jesús dijo a sus oponentes, "No digan, 'Aquí está', o 'Allí está', porque el Reino de Dios está *en medio de ustedes*" (Lucas 17:21), es decir, en su persona. El judío natural no podía entrar en ese Reino así como así: tenía que nacer de nuevo —nacer "de agua y del Espíritu"— al igual que cualquier gentil que desee entrar en el Reino de Dios. Sin este "nuevo nacimiento", uno ni siquiera podría "ver" (entender, comprender) el Reino de Dios (Juan 3:1-6). Por lo tanto, los "misterios" del Reino son sólo para los verdaderos discípulos del Rey, que guardan sus leyes reales (ver Mat. 13:22; 28:19-20). Al mismo tiempo, las parábolas en Mateo 13 dejan claro que, mientras el Rey no haya regresado, el Reino en su forma exterior contiene tanto verdaderos como falsos discípulos (cf. también Mat. 25:14-30).

El Reino como lo anunció Jesús no es "de este mundo" (Juan 18:36). Esto no significa que no se establezca aquí en la tierra. Al contrario. Significa que no encaja en las categorías pecaminosas, demoníacas y violentas de "este mundo". La frase "este mundo" se refiere, entonces, a esas categorías. El Reino de Jesucristo se establece como lo opuesto a estos poderes malignos, y hasta el regreso del Rey existe en medio de, y en contra de, estos poderes malignos. Para sus seguidores, esto puede implicar vergüenza y persecución. Por lo tanto, hasta la venida pública del Rey, el Reino existe en gran medida en una forma oculta porque el Rey mismo aún está "oculto" (cf. Col. 3:3); él "se fue a un país lejano" (Lucas 19:12). La tierra aún no ha sido llena de "justicia y rectitud" (cf. Isa. 9:7), ni del "conocimiento de la gloria del Señor"

(Hab. 2:14), y esto no ocurrirá, ni podrá ocurrir, mientras el Rey no haya reaparecido.

Por otro lado, el Reino de Dios es claramente visible. Puedes percibirlo *en todas partes* donde encuentres personas que han sometido sus vidas al dominio del Señor Jesucristo, no sólo sus vidas individuales sino también sus matrimonios, sus familias, sus iglesias, sus escuelas, sus empresas, sus sociedades e incluso sus Estados (si tienen una buena mayoría en ellos). De esta manera, los seguidores de Jesús forman una especie de cabeza de puente para el Rey en este mundo, hasta que él venga a derrotar completamente a sus enemigos.

La última cosa que "el mundo" ha visto del Rey es que fue puesto en una tumba. Pero sus discípulos conocen su "secreto": saben de su resurrección y glorificación, saben que todas las cosas han sido puestas bajo sus pies, y que "toda autoridad en el cielo y en la tierra" le ha sido dada a él (Mat. 28:18). Detrás del escenario, Jesucristo tiene las riendas en sus manos. Sus discípulos lo saben; por lo tanto, lo aman, le sirven y lo siguen con alegría. De hecho, el Reino es el reino de su amado Hijo: Dios "nos ha librado del poder de las tinieblas y nos ha trasladado al reino de su amado Hijo" (Col. 1:13 NIV).

El dominio de Cristo

Hemos encontrado dos cosas que son ambas ciertas: el Reino está "oculto" porque el Rey aún está "oculto". Pero el Reino también es manifiesto en que se hace visible en todos los lugares donde se reconoce el gobierno de Cristo y sus mandamientos en corazones y vidas individuales, así como en las relaciones sociales o comunidades, en la medida en que los cristianos pueden dejar su marca en ellas. Te daré algunos ejemplos.

Una familia cristiana es parte del Reino de Dios, no necesariamente porque todos los niños ya hayan entregado sus corazones y vidas al Rey, sino porque los padres han puesto la familia bajo el dominio de Cristo. "En esta familia reconocemos a Jesucristo como nuestro Rey y Señor", es la confesión de estos padres creyentes.

Una escuela cristiana es parte del Reino de Dios, no necesariamente porque todos los alumnos ya hayan entregado sus corazones y vidas al Rey, sino porque los administradores y los maestros han puesto la escuela bajo el dominio de Cristo. Dicen a los alumnos, por así decirlo, "en esta escuela mantenemos —en toda debilidad— las reglas del Rey, les enseñamos las reglas del Rey, y tratamos de seguir estas reglas nosotros mismos". Dentro de los límites seguros de tal escuela, los alumnos no están "en el mundo", sino en el maravilloso reino de Cristo, es decir, el Reino de Dios.

Una empresa cristiana es parte del Reino de Dios, no necesariamente porque todos sus empleados hayan entregado sus corazones y vidas al Rey, sino porque los empleadores han puesto la empresa bajo el dominio de Cristo. Dicen a los empleados, "en esta empresa, nos esforzamos por mantener los principios cristianos de justicia y equidad". Esto no es otra cosa que decir a los empleados que ellos, los empleadores, quieren que esta empresa sea parte del Reino de Dios.

Un estado cristiano —tal vez la República Holandesa del siglo XVII fue una aproximación justa al mismo— respeta las diversas opiniones y libertades de todos sus ciudadanos, pero no obstante es parte del Reino de Dios. Esto no es necesariamente porque todos sus ciudadanos sean cristianos, sino porque las autoridades introducen y mantienen principios cristianos en este estado, como se evidencia en su forma de gobernar y en la legislación que está de acuerdo con las Escrituras.

Separación de iglesia y Estado

Déjame decirte de inmediato que las cosas que acabo de describir no tienen nada que ver con la noción de la separación de iglesia y Estado. Aquí hay un tremendo malentendido. La separación de iglesia y Estado es algo grandioso, por lo que todos podemos estar muy agradecidos. Sabemos por el pasado lo que significa cuando la iglesia gobierna sobre el Estado. Esto es lo que hizo la Iglesia Católica Romana en la Edad Media, por ejemplo, condenando a los herejes y luego entregándolos a las autoridades estatales para ser ejecutados. También sabemos lo que significa cuando el Estado gobierna sobre la iglesia y le dice qué creer y qué no creer, como en los países comunistas (Corea del Norte).

Más adelante explicaré con más detalle que iglesia y Estado —y cada familia, cada escuela, cada empresa, cada asociación, etcétera— deben ser soberanos dentro de su propia esfera de influencia. Las iglesias no deben entrometerse en los asuntos estatales (y familiares), y los Estados no deben entrometerse en los asuntos de las iglesias, familias, escuelas, etcétera.

Ahora el tremendo malentendido es este: *la separación de iglesia y Estado se ha convertido en una separación entre religión y sociedad*. No sé si esto sucede a propósito o inconscientemente, pero es una confusión bastante maliciosa que se introduce aquí. Desde la época de la Ilustración (siglo XVIII), los líderes espirituales y políticos han intentado, cada vez más abiertamente y activamente, expulsar la religión completamente del dominio público. Esto es lo que llamamos *secularización*: la religión ha sido empujada a los márgenes de la sociedad, es decir, a la vida privada de las personas individuales. Esto es un gran triunfo para el reino de Satanás, debo decir, y un gran retroceso para el Reino de Dios. Todos somos culpables de esto, porque todos hemos permitido que suceda. Nosotros mismos a veces hemos aceptado esta confusión entre la separación de iglesia y Estado, por un lado, y la separación entre religión y sociedad, por otro. Nosotros mismos a veces hemos comenzado a creer que la religión es un asunto estrictamente privado, y que la sociedad y el Estado son (supuestamente) neutrales.

Escucha: no deseo por un momento que *alguna denominación religiosa controle el Estado*. Me mudaría al extranjero si eso sucediera en mi propio país. Pero al mismo tiempo, sostengo que el Estado neutral no existe. Es una tontería. Dentro de los límites del Estado-nación, la batalla entre el reino de satanás y el Reino de Dios está en marcha todo el tiempo. Lo mismo ocurre dentro de tantas familias, escuelas, empresas y, lamentablemente, incluso denominaciones y congregaciones locales. Pero en el Estado es quizás más conspicuo. Mientras el Rey no haya regresado, no podemos escapar de esta batalla. Pero al menos podemos hacer nuestro mejor esfuerzo para poner de manifiesto el Reino de Dios dentro de nuestras propias familias, y dentro de las escuelas a las que enviamos a nuestros hijos, y dentro de las empresas que fundamos, y dentro de las asociaciones, sociedades, sindicatos y clubes que formamos.

No te preocupes: nos aseguramos de mantener "iglesia y Estado" cuidadosamente separados. Pero al mismo tiempo, reconocemos que "toda la vida es religión", es decir, toda la vida está bajo el dominio del pecado y Satanás o bajo el dominio de Cristo (o, como lamentablemente a menudo es el caso, un poco bajo ambos). No queremos que ninguna *iglesia* gobierne nuestros Estados, familias, escuelas y empresas, pero definitivamente queremos que *Cristo* gobierne nuestros Estados, familias, escuelas y empresas. *Todas las cosas* han sido puestas bajo sus pies (Ef. 1:22; Heb. 2:8) —eso incluye todas las relaciones y comunidades sociales en las que estamos involucrados. Lo que Dios ya hizo objetivamente, queremos hacerlo nosotros mismos subjetivamente como un acto de fe y amor: colocar todas nuestras relaciones sociales a los pies de Cristo. *No creemos en la ilusión de la neutralidad.* Una batalla está en marcha, especialmente una batalla por nuestros hijos, en la que ningún individuo y ninguna institución pueden pretender ser neutrales. Un enemigo que se presenta abiertamente como enemigo es preferible a un enemigo que se presenta como neutral. Preferimos al "león rugiente" (cf. 1 P. 5:8) al "ángel de luz" (2 Cor. 11:14). El primero usa zapatos de madera, como diríamos en holandés; el segundo usa pantuflas.

Es impensable que el Reino de Dios, como algunos lo querrían, abarque sólo algunos ámbitos de la vida: tu vida privada, tu familia y tu iglesia. Eso sería todo. Si esto fuera cierto, significaría que nuestras escuelas, nuestras empresas, nuestras asociaciones, tendrían que ser entregadas al reino de satanás. No podemos permitir que eso suceda. Es antibíblico e irresponsable. El Reino de Dios se manifiesta en *todos los ámbitos de la vida*. Esto se pone de manifiesto en que los funcionarios de estos ámbitos: padres, ancianos, obispos, maestros, profesores, empleadores, administradores, autoridades, etcétera, ejercen su autoridad en el reconocimiento concreto y explícito de que ellos mismos están bajo la autoridad y mandamientos de Cristo el Señor. Esto implica que aquellos que están bajo estos funcionarios: niños, miembros de la iglesia, alumnos, estudiantes, empleados, ciudadanos, etcétera, reconocen y obedecen esta autoridad como la autoridad del Rey mismo.

En resumen: todos los cristianos deben comportarse como discípulos del Rey, que viven, trabajan y sirven con un amor ardiente por él, ya sea en sus matrimonios, sus familias, sus iglesias, sus escuelas, sus empresas, sus asociaciones, sus partidos políticos y en sus Estados nacionales.

Cristo y los dioses

Por supuesto, la destrucción definitiva de los poderes malignos también implicará definitivamente el fin de todos los Estados apóstatas. En el Salmo 110, que Jesús cita a los fariseos y relaciona consigo mismo (Mateo 22:41-46), se dice del Mesías, "Él aplastará a los reyes en el día de su ira" (v. 5b). Jesús es el "gobernante de los reyes de la tierra" (Apocalipsis 1:5). Y ya ahora, el mensaje llega a todos los jefes de Estado y a todos los líderes gubernamentales de este mundo, "He instalado a mi rey en Sion, mi monte santo … Por tanto, reyes, sean prudentes; sean advertidos, gobernantes de la tierra. Sirvan al Señor con temor y celébrenlo con temblor" (Salmo 2:6, 10). Es por eso que intercedemos "por los reyes y por todos los que están en autoridad", no sólo para que "podamos llevar una vida tranquila y apacible" —esa es la tarea de las autoridades para ocuparse de eso— sino porque "Dios nuestro Salvador quiere que todos los hombres sean salvos y vengan al conocimiento de la verdad" (1 Timoteo 2:1-4).

"Que todos los reyes se inclinen ante él y todas las naciones le sirvan" (Salmo 72:11). Cada "rey" en este mundo, cada jefe de Estado, cada presidente, cada primer ministro, se inclinará ante Cristo algún día. O él o ella lo hace voluntariamente ya en la presente era —o lo hará por la fuerza ante el tribunal de Cristo. "Dios lo exaltó al lugar más alto y le dio el nombre que está sobre todo nombre, para que ante el nombre de Jesús se doble toda rodilla en el cielo y en la tierra y debajo de la tierra, y toda lengua confiese que Jesucristo es Señor, para gloria de Dios Padre" (Filipenses 2:9-11).

Al principio de esta sección hice una conexión entre los poderes espirituales malignos y los Estados nacionales (o líderes estatales). Esto requiere alguna aclaración. En el Nuevo Testamento, Satanás, el gran "príncipe angelical" apóstata, es llamado el "dios de esta era" (2 Corintios 4:4). Según la Escritura, (ciertos) Estados terrenales e imperios tienen cada uno su propio "príncipe angelical" invisible (ver Daniel 10:13, 20-21). Estos son los "dioses", que guían la historia de sus respectivas naciones, así como el Señor guía la historia de su pueblo. Ejemplos claros de esta guía por parte de los "dioses" extranjeros se pueden encontrar en Números 21:29 ("¡Ay de ti, Moab! Has sido destruido, pueblo de Quemos [es decir, el 'dios' de Moab]! Él ha entregado a sus hijos como fugitivos y a sus hijas como cautivas al rey Sihón de los amorreos") y Jueces 11:24 ("¿No tomarás lo que tu dios Quemos te da? Del mismo modo, lo que el Señor nuestro Dios nos ha dado, lo poseeremos") (cf. Salmo 58:1; 89:5-7).

Al igual que Satanás mismo, estos "dioses" son sólo "falsificadores", "usurpadores", "rebeldes sentenciados" (Stuart Fowler). En el Salmo 82, vemos cómo Dios pronuncia juicio entre estos supuestos "dioses". El Dios de Israel es el "Dios de dioses" (Salmo 136:2), aquel "a quien hay que temer por encima de todos los dioses" (96:4; cf. 95:3; 97:7, 9; 135:5); entre los "dioses" no hay ninguno como él (86:8; 89:6).

Además del nombre "dioses"—es decir, seres celestiales, creados, angelicales (cf. Salmo 29:1; Job 1 y 2, "hijos de Dios")— hay varios otros nombres para estos seres: gobernantes, autoridades, poderes, dominios, tronos (Romanos 8:38-39; 1 Corintios 2:6; Efesios 1:21; 3:10; Colosenses 1:16; 1 Pedro 3:22). En la gran mayoría de las Escrituras del Nuevo Testamento en las que aparecen estos términos, es inmediatamente claro que estos últimos se refieren a poderes angélicos, ya sean buenos o malignos. Por lo tanto, varios expositores han supuesto que éste es el caso en *todas* las Escrituras relevantes. Esto incluso incluiría Romanos 13:1-7 ("Que toda persona se someta a las autoridades superiores") y Tito 3:1 ("someteos a los gobernantes y autoridades"). Estos versículos definitivamente incluyen a los gobernantes y autoridades terrenales, pero el pensamiento subyacente podría ser que estas autoridades terrenales están dirigidas por poderes angélicos, ya sean buenos o malignos. También en el caso de los gobernantes terrenales, estaríamos tratando no tanto con "carne y sangre", sino más bien con las autoridades espirituales que están ocultas detrás de ellos (cf. Efesios 6:12).

Esto se aplica también a la expresión "gobernantes de este siglo" (1 Corintios 2:6-8). Primordialmente, estos son los hombres que se han hecho responsables de la crucifixión de Cristo: Pilato, Herodes y Caifás. Pero el verso podría referirse no sólo a ellos, sino también a los poderes espirituales *detrás* de estos hombres, los "poderes (invisibles) de este mundo de tinieblas", las "fuerzas espirituales malignas en las regiones celestiales" (véase nuevamente Efesios 6:12).

A menudo, los reyes terrenales eran adorados como "dioses" debido a su estrecha relación con los príncipes angelicales "detrás" de ellos, que eran los verdaderos gobernantes. Así, en Isaías 14, detrás del rey terrenal de Babilonia, vemos que se cierne la imagen de su príncipe angelical ("Lucifer"); encontramos lo mismo con el rey de Tiro en Ezequiel 28. Ya los padres de la iglesia a menudo veían a Satanás en estos príncipes angelicales. Esto no es muy preciso; las referencias son a los "dioses" de Babilonia y Tiro. Pero obviamente estos se relacionan inmediatamente con el "dios de este mundo", Satanás. En Apocalipsis 12, 13, 17 y 19, el "dragón", es decir, Satanás (12:9; 20:2), es *el* príncipe angelical del imperio romano, que en ese libro bíblico representa el poder mundial escatológico.

Este es el poder que al final será destruido por Cristo. La última batalla es entre el dragón y el Cordero —una imagen extraordinaria, especialmente cuando vemos que el vencedor no es un dragón que escupe fuego, sino un Cordero que escupe fuego (cf. 2 Tesalonicenses 2:8; también ve Isaías 11:4).

En resumen

Hoy en día Jesucristo está a cargo. Él es el Señor de todo. El reconocimiento de esto, que sólo es posible mediante el Espíritu Santo (1 Corintios 12:3), es una condición de salvación: "Si confiesas con tu boca que Jesús es el Señor y crees en tu corazón que Dios lo levantó de entre los muertos, serás salvo" (Romanos 10:9).

Jesús ha sido elevado por encima de todas las "autoridades y poderes", por encima de todos los "dioses" de este mundo, y en consecuencia por encima de todas las autoridades terrenales. Por cualesquiera que sean los poderes espirituales por los que las autoridades terrenales puedan estar gobernadas, Cristo tiene la supremacía tanto sobre las autoridades terrenales como sobre los poderes espirituales detrás de ellas. Si estas autoridades terrenales se consideran a sí mismas como neutrales, están totalmente equivocadas. No hay familias neutrales, ni escuelas neutrales, ni empresas neutrales, y ciertamente no hay estados neutrales. Por un lado, pueden ser herramientas en manos de los poderes espirituales malignos. Por otro lado, incluso los gobiernos más malvados son "siervos de Dios" (Romanos 13:4), porque él es el "Dios de dioses".

"El corazón del rey está en manos del Señor como los ríos de agua; lo dirige hacia donde quiere" (Proverbios 21:1, cf. NIV). Este hecho bíblico no quita nada de la responsabilidad propia de las autoridades. Pero al menos muestra que, detrás del escenario, el Señor está a cargo, y que ciertamente la afirmación es tan falsa como puede ser que los Estados, o las escuelas, puedan ser instituciones neutrales. Eso es sólo una ilusión del humanismo ilustrado.

Preguntas para revisión

1. Describe o define "el Reino de Dios" en una frase.

2. Según la Biblia, ¿cuáles son los "dos reinos"?

3. ¿Qué queremos decir cuando decimos tanto que el Reino de Dios está "oculto", como que está "manifestado"?

4. Explica la diferencia entre la "separación de iglesia y Estado" y la "separación entre religión y sociedad".

5. Con respecto a vivir en el mundo, cada ser humano está bajo el dominio de alguien o algo. ¿Estás de acuerdo o en desacuerdo? Por favor, ilustra tu respuesta.

6. ¿Qué es "la ilusión de neutralidad"?

7. Explica la enseñanza de la Biblia sobre los poderes espirituales detrás de los gobernantes terrenales. ¿Dónde enseña la Biblia la existencia de ángeles y de un "mundo de ángeles"?

CAPÍTULO II

LA IGLESIA Y EL ESTADO POR SEPARADO

En el primer volumen de la presente serie de libros introductorios, *Sabiduría para pensadores*, he tratado de explicar un principio muy importante. Este fue desarrollado por Abraham Kuyper (1837-1920), quien fue un pastor, teólogo, periodista y político neerlandés. ¡Un hombre extraordinario! Fundó tanto una nueva denominación eclesiástica como una nueva universidad, y fue incluso primer ministro de los Países Bajos de 1901 a 1905. El principio que Kuyper desarrolló es el de la llamada *soberanía de las esferas* (en neerlandés, *"soevereiniteit in eigen kring"*). Básicamente, quería expresar con este principio que ni la Iglesia debe gobernar sobre el Estado, ni el Estado sobre la Iglesia, sino que cada uno es relativamente soberano dentro de su propia esfera o dominio de actividad.

El mensaje de Kuyper era: No interfieran en la esfera del otro. El Estado tiene la responsabilidad de mantener la *justicia pública* (explicaré este término más adelante en este capítulo), y por lo tanto debe crear las condiciones externas bajo las cuales las iglesias puedan operar. Pero el Estado no se inmiscuye en los asuntos internos de las iglesias. Lo mismo vale para los matrimonios, familias, escuelas, asociaciones, partidos políticos, etcétera: cada uno es soberano dentro de su propia esfera, sin interferencia ni del Estado ni de la iglesia. Incluso una escuela católica romana o reformada no debe ser dirigida por líderes eclesiásticos católicos romanos

o reformados *como tales*, sino por *líderes escolares* católicos
romanos o reformados.

Soberanía de las esferas

Veamos ahora un poco más de cerca esta noción de soberanía
de las esferas. Por ejemplo, el Estado como tal no tiene nada
que decir sobre lo que sucede en los dormitorios de las
personas, o cómo los padres educan a sus hijos, sobre cómo
las escuelas enseñan a los alumnos, sobre con qué empresas
hacen negocios las personas, sobre si se permite a las mujeres
predicar en los púlpitos, etcétera Pero el Estado sí mantiene
la justicia pública, por lo que tiene algo que decir sobre
maridos que violan a sus esposas, sobre padres o maestros que
abusan de los niños a su cargo, sobre la calidad académica
de la educación en las escuelas, sobre empresas que operan
ilegalmente, sobre iglesias que tienen reuniones de alabanza
ruidosas en medio de la noche, etcétera

Poco después de la Reforma, este poder relativo de las
diversas esferas, especialmente el del Estado-nación, no estaba aún claramente discernido. En Inglaterra, el rey, como
jefe de Estado, también se convirtió en el jefe de la Iglesia
de Inglaterra, y como tal ordenó una nueva traducción de
la Biblia, que se conoció como la *Biblia del Rey Jacobo*. En
los Países Bajos, no fue la iglesia reformada sino los Estados
Generales los que convocaron el famoso Sínodo internacional de Dort (1618-1619), y también ordenaron una nueva
traducción de la Biblia, la *Statenvertaling* (la traducción de
los Estados Generales). Hoy en día, tal dominio del Estado
sobre la vida eclesiástica sería impensable en cualquier país
civilizado.

En el peor de los casos, un Estado que gobierna sobre la vida privada de sus ciudadanos, sus matrimonios, sus iglesias, la forma en que educan a sus hijos, un Estado que de hecho posee todas las escuelas y todas las empresas, es un sistema dictatorial, y a menudo incluso terrorista. Es totalmente contrario a la noción cristiana del Estado como un sistema estrictamente jurídico. En la visión cristiana, el Estado crea las precondiciones legales necesarias para un funcionamiento óptimo de la vida social, pero al mismo tiempo garantiza la libertad y responsabilidad única de sus ciudadanos, tanto individualmente como en sus iglesias, escuelas, empresas, asociaciones, etcétera.

El Estado puede equivocarse fácilmente aquí. El socialismo tiene razones ideológicas para otorgar demasiada autoridad al Estado, es decir, para darle demasiadas responsabilidades que en realidad pertenecen a los ciudadanos. El liberalismo clásico (fundamento del libertarismo) hace lo contrario: tiene razones ideológicas para minimizar la autoridad del Estado, de modo que el Estado se preocupa muy poco por aquellos ciudadanos que apenas pueden valerse por sí mismos (los débiles, los enfermos, los ancianos, los discapacitados, etcétera), o que no tienen a otras personas que los ayuden. En una visión cristiana del Estado, ambos caminos ideológicos, comúnmente identificados hoy en día como socialismo y libertarismo, son fundamentalmente rechazados. En tal visión cristiana de la política, el poder del Estado se refiere únicamente a la "justicia pública" (véase más adelante), pero esto incluye cuidar de los débiles, como veremos más adelante.

También cuando se trata de la esfera de influencia y autoridad de la iglesia, es importante enfatizar el significado de la soberanía de las esferas. Dije que el Estado no debe gobernar sobre la iglesia, pero lo opuesto también es cierto: la iglesia no debe gobernar sobre el Estado. Como mencioné antes, ese fue el caso en la Europa medieval católica romana, donde la iglesia podía condenar a alguien por (supuesta) herejía, y luego entregarlo al Estado para recibir la pena de muerte. Hoy en día, eso sería impensable en cualquier país civilizado. De hecho, la situación en Irán es en gran medida así. Aquí, los líderes espirituales, los *ayatolas*, tienen el verdadero poder político, y el presidente está subordinado a ellos.

Relaciones sociales y soberanía de las esferas

La noción de soberanía de las esferas no sólo involucra a las iglesias y los estados. La cuestión de la separación de la iglesia y el Estado ha puesto demasiado énfasis en sólo estas dos instituciones. En casos históricos en los que el Estado gobernaba sobre la iglesia (como mencioné, en Inglaterra y los Países Bajos), el Estado generalmente se consideraba un Estado "cristiano" (como Irán, donde los ayatolas están a cargo, es un Estado musulmán). En tal situación, nadie considera al Estado o a la iglesia como neutrales. Pero, ¿qué pasa con todas las otras relaciones o comunidades sociales, como las familias, escuelas y empresas? ¿Podrían éstas ser alguna vez religiosamente neutrales?

Aquí debo enfatizar nuevamente que no hay personas neutrales ni relaciones sociales neutrales. El Estado no debería estar bajo la autoridad de ninguna iglesia. Pero eso no altera el hecho de que las personas que ejercen la autoridad del Estado son siempre personas *religiosas*, en el sentido más amplio del término, que incluye incluso ideologías políticas y el ateísmo, les guste o no. Es decir, están ante Dios como sus siervos (Rom. 13), les guste o no. Tendrán que rendirle cuentas. ¡La iglesia no tiene el monopolio de la religión! *Todas* las personas son religiosas en el sentido de estar orientadas hacia algún Fundamento Último de certeza y confianza, ya sea Dios o ídolos particulares. Por lo tanto, no sólo las iglesias sino también los Estados, escuelas, empresas, asociaciones, etcétera son responsables ante Dios y deben rendirle cuentas.

De hecho, en los Estados Unidos, los dos principales partidos, Republicano y Demócrata, siempre han reconocido implícitamente que la política no es religiosamente neutral. ¿Cómo podríamos explicar, de otra manera, que tradicionalmente los protestantes del noreste en su gran mayoría hayan votado históricamente por los republicanos, mientras que los católicos romanos, judíos, afroamericanos y protestantes del sur hayan votado históricamente por los demócratas? La razón de esto es un tema fascinante por sí mismo; la discusión de esto nos llevaría demasiado lejos. Basta con decir que la religión obviamente juega un papel en la política estadounidense, como se puede ver en las elecciones políticas que la gente hace, incluso si los partidos Republicano y Demócrata no son explícitamente partidos cristianos.

Por cierto, no todos los pensadores cristianos están muy interesados en el término "soberanía de las esferas" como tal. Algunas personas prefieren hablar de los distintos "oficios y responsabilidades" de, y dentro de, las diversas relaciones sociales (familias, iglesias, Estados, escuelas, empresas, partidos), mientras que a otros les gusta hablar de "pluralismo estructural". Personalmente, no me gusta ningún "-ismo"; prefiero hablar de una "pluralidad" socio-estructural. Pero, ¿qué importa un nombre? El punto que importa ahora es el entendimiento de que la sociedad consiste en una serie de relaciones o comunidades distintas, cada una de las cuales está enraizada en un orden divino (he explicado esto en *Sabiduría para pensadores*, véase el capítulo 4), y en la cual cada ser humano tiene su propia tarea y responsabilidad. Estas relaciones sociales son mutuamente irreducibles y no están en algún orden jerárquico, por lo que ninguna de ellas tiene permitido gobernar sobre las otras, ni el Estado, ni la iglesia. Cada relación o comunidad social está directamente bajo el gobierno soberano de Dios.

El Reino de Dios y su justicia

Para explicar los diversos aspectos de este importante tema con más detalle, creo que es necesario abordar las siguientes nociones: (a) la noción de *justicia pública*, como un principio fundamental en la política cristiana (a veces referido como el "bien común"), (b) la noción de *teocracia*, uno de los principios más mal entendidos en la política cristiana, (c) la noción de los cristianos siendo *exiliados y peregrinos* en este mundo (Ef. 2:19; cf. 1 P. 1:1), y (d) la noción luterana de los *dos regimientos*. Esta será nuestra agenda para los capítulos 3-5 de este libro.

La justicia pública es un aspecto de la justicia bíblica o equidad, la cual es un elemento vital dentro del Reino de Dios. Cuando el Señor Jesús dice: "Buscad primeramente el reino de Dios y su justicia" (Mat. 6:33), aparentemente se está refiriendo a la justicia, tanto a la justicia pública como a la privada, como una cuestión que toca la esencia del Reino de Dios. Se dice del Mesías: "He aquí que un rey reinará en justicia, y príncipes gobernarán en juicio" (Isa. 32:1; cf. 9:7; 11:4-5). Estos términos, *justicia* y *juicio*, no se refieren sólo a los nuevos cielos y nueva tierra futuros, aunque se dice que allí habitará la justicia (cf. 2 P. 3:13). Si fuera sólo una noción para el futuro, ¿cómo podría el cristiano ser llamado a buscar el Reino de Dios y su justicia —pública o privada— ya hoy? Claro, hay una gran diferencia: al final, la justicia reinará cuando toda *injusticia* haya sido eliminada y todos los poderes de la *injusticia* hayan sido destruidos. Hoy, buscamos la justicia en medio de, y contra, un mundo lleno de injusticia; esto es de lo que hablan Salomón (Prov. 15:9), Isaías (Isa. 51:1) y Pablo (1 Tim. 6:11; 2 Tim. 2:22).

Cuando Pablo se refiere en Romanos 14:17 al Reino de Dios, definitivamente habla de él como una realidad presente, y sin embargo como un Reino que es "justicia, paz y gozo en el Espíritu Santo." Dice esto a pesar de toda la *injusticia*, toda la desarmonía y desorden, todas las batallas y conflictos, y toda la tristeza y vacío que aún nos rodean. En medio de todo esto, Pablo sostiene, hay un ámbito de justicia, paz y gozo en el Espíritu Santo. Y cuando Jesús habla del Reino en su día, lo ve como un imperio que está "avanzando con fuerza" (Mat. 11:12 nota de la NIV), es decir, un Reino que está introduciendo la justicia de Dios en este mundo, frente a todas las "personas violentas que lo atacan," todos los poderes de la injusticia que quieren detener y abrumar este Reino.

Ningún Estado-nación es idéntico al Reino de Dios, ya que este Reino involucra un tipo de justicia que va mucho más allá del dominio de la justicia pública. El Reino de Dios "avanza con fuerza" en la vida cívica donde y cuando las autoridades y los ciudadanos se inclinan ante la Palabra de Dios. Esto ocurre incluso cuando sólo algunas de las autoridades y ciudadanos respetan la Palabra de Dios. Al hacerlo, ya imprimen la marca del Reino de Dios —sin importar cuán imperfectamente— en el funcionamiento del Estado. De igual manera, el Reino de Dios "avanza con fuerza" en los matrimonios y las familias, donde y cuando el esposo y la esposa, los padres y los hijos, se inclinan ante la Palabra de Dios. Incluso si sólo uno de los cónyuges se inclina ante la Palabra de Dios, esta persona pone la marca del Reino de Dios en ese matrimonio y en toda la familia. Esto es, presumo, el sentido de 1 Co-rintios 7:14, donde Pablo argumenta que la esposa creyente coloca el sello de la Palabra de Dios en su matrimonio o familia de tal manera que su esposo e hijos son "santificados" y "santos," respectivamente. Incluso si aún tienen un corazón no regenerado, se encuentran en la atmósfera consagrada del Reino de Dios, donde la Palabra de Dios resuena y el Espíritu Santo está obrando.

Incluso los pseudocristianos, que eventualmente "caen," han "participado del Espíritu Santo" por un tiempo (Heb. 6:4; han sido "partícipes del Espíritu Santo," ASV). Esto no necesariamente implica que el Espíritu Santo haya *habitado* en estas personas —esto es sólo en los verdaderos creyentes (1 Cor. 6:19)— sino que han estado en la atmósfera del Reino de Dios, ese dominio bendito donde se predica la Palabra de Dios y su Espíritu está obrando. A menudo nos resulta difícil imaginar lo que la libre predicación de la Palabra de Dios puede hacer en una sociedad. No es de extrañar que Satanás intente empujar la religión al margen de la sociedad (secularización) —¡él conoce el poder de esa Palabra y ese Espíritu! En su batalla espiritual, los creyentes usan "la espada del Espíritu, que es la palabra de Dios" (Ef. 6:17).

De manera similar, el Reino de Dios "avanza con fuerza" en las escuelas y empresas, asociaciones y partidos, donde la Palabra de Dios, la vara de medir de la justicia de Dios, se mantiene y observa, sin importar cuán débilmente. Quizás sólo unos pocos de los maestros, o los empleadores, o los administradores en tales relaciones sociales, se manifiesten como seguidores y siervos del Rey. Sin embargo, a través de su testimonio y su obediencia a la Palabra de Dios y al dominio de Cristo —en la educación, la gestión y la administración— deberían ser capaces de tener un impacto en tales relaciones sociales o comunidades en su conjunto. A pesar de todas las fuerzas opositoras de Satanás y el pecado, en tales relaciones algo se haría visible del Reino de Dios "avanzando con fuerza".

Es por eso que necesitamos escuelas cristianas, empresas cristianas y estructuras políticas cristianas, que rechacen la ilusión de la neutralidad, y mantengan la justicia, la paz y la alegría del Reino de Dios en sus respectivos dominios. ¡Qué error buscar o perseguir el Reino de Dios y su justicia sólo en tu vida privada, y a lo sumo en tu familia y en tu iglesia, pero no en la sociedad, no en tus escuelas y empresas, no en tus asociaciones y partidos políticos! ¡Qué catástrofe sería si, de esta manera, dejáramos toda la vida pública a los poderes malignos! ¡Qué tragedia si la malentendida separación de la iglesia y el Estado, y la mentira de la "privacidad de la religión," te llevaran a tal actitud!

El Estado y su justicia

En mi libro *Sabiduría para pensadores* (véase el capítulo 4), he explicado extensamente que todas las "cosas", incluidas todas las relaciones sociales, funcionan en *todos* los aspectos modales de la realidad cósmica, pero están *cualificadas* —es decir, su "calidad" (su ser-así-y-así) se expresa— por sólo unos pocos aspectos modales. Así, todas las relaciones sociales tienen un aspecto jurídico, pero generalmente este no es el aspecto cualificador de ninguna relación social, excepto el Estado. El matrimonio tiene un aspecto jurídico en que las bodas se realizan de acuerdo con la legislación existente en un país civilizado; sólo puede llamarse matrimonio a aquello que es reconocido por el Estado como matrimonio. Sin embargo, el matrimonio no se *cualifica* por este aspecto jurídico sino por el aspecto ético del amor matrimonial mutuo. En otras palabras, el matrimonio no es principalmente una relación jurídica sino amorosa. Este aspecto del amor caracteriza todos los otros aspectos, incluido el aspecto jurídico.

La familia, también, tiene un aspecto jurídico, pues se dice: "Hijos, obedeced en el Señor a vuestros padres, porque esto es *justo*" (Ef. 6:1). Además, hay legislación que define qué son las familias, quiénes pertenecen a ellas y cuál es, por ejemplo, la posición de los hijastros y los hijos adoptivos en las familias. Sin embargo, la familia no se *cualifica* por este aspecto jurídico sino por el aspecto ético del amor entre padres e hijos. En otras palabras, la familia, también, no es principalmente una comunidad jurídica sino amorosa. Aquí también, este aspecto del amor marca todos los otros aspectos, incluido el aspecto jurídico.

Una denominación eclesiástica, o una congregación local, también tiene un aspecto jurídico. Esto se manifiesta, por ejemplo, en la disciplina eclesiástica (1 Cor. 5), que es una cuestión de lo correcto e incorrecto (también cf. 1 Cor. 6:1-8). Nuevamente, hay legislación que determina qué son las denominaciones eclesiásticas, y cuáles son sus derechos y deberes. Sin embargo, una denominación eclesiástica, o una congregación local, no se *cualifica* por este aspecto jurídico. Obviamente se cualifica por el aspecto pistico. Es decir, no es principalmente una relación jurídica sino de fe. Este aspecto de la fe marca todos los otros aspectos, incluido el aspecto jurídico.

El Estado, también, tiene un aspecto jurídico; pero este aspecto es al mismo tiempo lo que cualifica, o caracteriza, al Estado como una relación o comunidad social. Les recuerdo nuevamente el importante hecho de que *todas* las relaciones sociales, incluido el Estado, funcionan en *todos* los aspectos modales. Pero en el caso del Estado, el aspecto jurídico destaca. El Estado es principalmente una relación jurídica. *En concreto*, esto significa que —en términos simples— al igual que el amor gobierna un matrimonio, y la fe gobierna una iglesia, la justicia gobierna el Estado. Todos los actos políticos deben verse desde este punto de vista jurídico. Por ejemplo, el Estado garantiza la libertad religiosa, no porque el Estado como tal sea una entidad religiosa, sino debido al principio de la justicia pública. Es decir, es justo y equitativo (positivamente) asegurar para todos sus ciudadanos la libertad y las posibilidades de vivir su fe individual y colectivamente, y (negativamente) hacerlo de tal manera que otros ciudadanos no sean perturbados o dañados por ello.

Del mismo modo, el Estado se ocupa de los débiles. Esto también es una cuestión de justicia pública porque cualquier ciudadano podría llegar a ocupar la posición de los débiles de tal manera que no pueda contar (más) con (suficiente) ayuda de su comunidad. Asimismo, el Estado se ocupa de la infraestructura dentro de su territorio, como la construcción de carreteras y vías fluviales, puentes y túneles, iluminación, atención médica, requisitos para el comercio y la industria, etcétera, porque estas son cuestiones de orden público e interés común. De la mismo forma, el Estado organiza una fuerza policial y un sistema judicial porque estas son cuestiones de orden y seguridad públicos. Espero que estén empezando a entender lo que implica la justicia pública.

El Estado y la sexualidad

Como un ejemplo que puede clarificar aún más varios puntos que he tratado hasta ahora en este capítulo, elijo el dominio de la sexualidad. Dije que, dado que el Estado sólo debe mantener la justicia pública, no tiene nada que decir sobre lo que ocurre en los dormitorios de las personas. En un Estado donde las autoridades son cristianas, personalmente estarán muy en contra de todo tipo de pecados sexuales: "¿O no sabéis que los injustos no heredarán el Reino de Dios? No os engañéis: ni los inmorales sexuales, ni los idólatras, ni los adúlteros, ni los hombres que practican la homosexualidad, ni los ladrones, ni los avaros, ni los borrachos, ni los difamadores, ni los estafadores heredarán el Reino de Dios" (1 Cor. 6:9-10). "Porque podéis estar seguros de esto, que todo el que sea inmoral sexualmente o impuro, o que sea avaro (es decir, un idólatra), no tiene herencia en el reino de Cristo y de Dios" (Ef. 5:5). ¡Noten las referencias al Reino de Dios en estos pasajes!

Lo que el apóstol Pablo dice en estos versículos es también la convicción personal de las autoridades que son cristianas, judías, musulmanas o de otras personas con altos valores morales. En la comunidad de fe —iglesia, sinagoga, mezquita— la inmoralidad sexual no debe ser permitida (cf. 1 Cor. 5). Pero en el Estado es diferente: no sólo el Estado no tiene el *poder* físico para eliminar toda inmoralidad sexual, sino que tampoco tiene la *autoridad* para hacerlo. No está llamado a permitir la inmoralidad, en el sentido de aprobarla, pero tampoco puede prohibirla. Si dos personas que no están casadas entre sí tienen relaciones sexuales *con consentimiento mutuo*, el Estado no debe interferir, aunque las autoridades, si tienen altos valores morales, puedan estar *personalmente* completamente en contra del adulterio y la fornicación. La única tarea del Estado es mantener la justicia pública, es decir, proteger a las personas contra el sexo involuntario como la violación, el sexo con menores, la trata de mujeres seleccionadas para la prostitución involuntaria o la pornografía, la violencia cometida por proxenetas o productores de pornografía, la explotación de hombres y especialmente mujeres en la industria del sexo, etcétera.

Puede haber circunstancias en las que un Estado decida prohibir la prostitución, la pornografía y similares. Esto ocurre cuando se estima que el porcentaje de mujeres que trabajan involuntariamente en la industria del sexo es muy alto, y cuando es difícil distinguir entre mujeres oprimidas y no oprimidas. En principio, tal prohibición nunca es por razones morales en sí mismas; el Estado no debe desempeñar el papel de moralista. No está tipificado éticamente sino jurídicamente. Por el bien de la justicia pública, el Estado puede prohibir la prostitución para proteger a las mujeres de los traficantes, proxenetas y productores de pornografía. Por supuesto, en un país civilizado, la vida jurídica se desarrolla bajo la guía del aspecto ético. Pero eso no cambia el hecho de que las leyes contra la prostitución y la pornografía son básicamente asuntos jurídicos, no éticos.

No es el Estado quien debe educar moralmente a sus ciudadanos. La educación moral es proporcionada por las iglesias y otras comunidades de fe, por asociaciones humanistas (si así lo desean), en familias y en escuelas con altos estándares morales (religiosas o humanistas). "Hijo mío,... [a través de la sabiduría] serás librado de la mujer prohibida, de la adúltera con sus suaves palabras" (Prov. 2:1,16). "¿Por qué, hijo mío, deberías embriagarte con una mujer prohibida y abrazar el seno de una adúltera?" (Prov. 5:20).

Educación y malentendidos

En la misma línea de lo que acabamos de discutir, el Estado regula la educación, no porque el Estado en sí mismo ame tanto a los niños, sino por el principio de justicia pública. Es decir, es justo ofrecer a los hijos de los ciudadanos las mejores posibilidades para adquirir conocimientos y habilidades, y desarrollar su potencial. Es una cuestión de justicia pública que las escuelas cumplan con ciertos estándares de calidad educativa, y que los inspectores se ocupen de esto. Esto es en beneficio no sólo de los niños, sino también del Estado: cuanto mejor eduque a sus jóvenes, más sobresalientes serán los ciudadanos que desarrolle.

Sin embargo, si esta educación se ofrece mejor a los alumnos de una manera judía, musulmana, humanista o cristiana, *no* es una cuestión de justicia pública. Este asunto es totalmente responsabilidad de los administradores y maestros de la escuela, y de los padres de los alumnos. No es asunto del Estado. Si los políticos argumentan lo contrario, descubrirán que esto generalmente ocurre debido a los siguientes malentendidos básicos. Vale la pena prestarles atención:

1. En primer lugar, está la idea equivocada de que el papel del Estado es *mucho más amplio* que el de mantener la justicia pública. Esto es lo que se encuentra en el socialismo y el comunismo, que asignan al Estado una función omnipresente. En su forma más extrema, es el Estado quien determina

cómo deben los padres criar a sus hijos, cómo los maestros deben educar a sus alumnos, cómo los empresarios deben llevar sus negocios, e incluso cómo los predicadores deben dirigirse a sus congregaciones.

Por favor, sean consistentes: si creen que el Estado no debe inmiscuirse en los asuntos internos de las familias y las iglesias, entonces el mismo argumento se aplica a las escuelas. La tarea del Estado no va más allá de mantener la justicia pública: el Estado debe asegurarse de que los niños no sean abusados por sus padres o maestros, que los alumnos reciban una educación de buena calidad, que las congregaciones de la iglesia no perturben a sus vecindarios, y cosas por el estilo. *Pero eso es todo.* No hay estados neutrales, así como no hay familias, escuelas e iglesias neutrales. Los niños cristianos tienen derecho a una educación *cristiana* tanto en casa como en la escuela, y a la predicación *cristiana* en la iglesia, y por supuesto lo mismo se aplica, *mutatis mutandis*, para los niños judíos, musulmanes, humanistas, etcétera

2. La idea equivocada de un Estado neutral. Por favor, díganme, ¿dónde están esas autoridades neutrales? Los políticos casi siempre provienen de partidos políticos, y estos obviamente siempre tienen un color ideológico definido: pueden ser conservadores, liberales, socialistas, socialdemócratas, demócrata-cristianos, comunistas, "verdes", libertarios, lo que sea. Dentro de tales partidos, se reclutan los políticos para el cargo. Estos son políticos conservadores, liberales, socialistas, socialdemócratas, demócrata-cristianos, comunistas, verdes, libertarios. ¿Dónde está la neutralidad aquí?

Ahora bien, si no hay estados neutrales, definitivamente no hay escuelas neutrales. Los maestros, también, son conservadores, liberales, socialistas, socialdemócratas, demócrata-cristianos, comunistas, verdes, libertarios, humanistas, judíos, musulmanes, existencialistas, postmodernistas, o lo que sea. ¿Dónde está la neutralidad aquí?

3. La idea equivocada de que la separación entre iglesia y Estado implica necesariamente una separación entre religión y sociedad. Ya subrayé que estas dos separaciones involucran cosas totalmente diferentes. Soy un gran defensor de una estricta separación entre iglesia y Estado en el sentido de que ninguna denominación eclesiástica domine el Estado, y ningún Estado domine a ninguna denominación eclesiástica. Al mismo tiempo, afirmo que la idea de que la religión no debería tener lugar en la vida pública es absurda. Ya les di mi amplia definición de religión como el compromiso último de cualquier persona con algún Fundamento Último en el que pone su mayor confianza, sea cual sea este Fundamento Último: Dios, un dios, un ídolo o una ideología. En este sentido, todos son religiosos, y todo Estado es religioso.

¿Ven mi punto? No abogo por un mayor papel de la religión en la sociedad; más bien, afirmo que la sociedad es religiosa de arriba abajo, de izquierda a derecha. Ven que uno puede estar de acuerdo con una separación entre iglesia y Estado, y al mismo tiempo afirmar que toda la sociedad es religiosa, y que por lo tanto la noción de una separación entre religión y sociedad es absurda. Si el Estado es religioso, entonces, por supuesto, la escuela también lo es. Es mi firme opinión que *los padres mismos deberían decidir qué religión debería conformar la educación de sus hijos en la escuela*. Por supuesto, los niños deben desarrollar una actitud de verdadera tolerancia hacia otras religiones e ideologías. Pero la convicción religiosa personal y la tolerancia religiosa van muy bien juntas en personas civilizadas.

4. La idea equivocada de las bendiciones de la pluralidad (llamada *pluralismo* por algunos). Las autoridades nos dicen lo beneficioso que es para los niños si, a una edad temprana, tienen contacto con la pluralidad de la sociedad, es decir, con niños y maestros de muy diferentes tradiciones y persuasiones. Mi respuesta a esto es, primero, que los padres mismos decidan si creen que esta pluralidad es beneficiosa para sus hijos. ¿Por qué las autoridades deben ser tan condescendientes como para decir a los padres qué es lo mejor para sus hijos? Las autoridades pueden tener una opinión sobre esto, pero no pueden ni deben imponer esta opinión a los padres. Simplemente, no es su tarea.

Además, en segundo lugar, una buena escuela —y los inspectores podrían encargarse de esto— presenta a sus alumnos una imagen justa de la pluralidad de la sociedad. Por supuesto que lo hace. Es tarea de una escuela preparar a sus alumnos para la sociedad. Pero, ¿quién podría negar a los padres *cristianos* (o judíos, o musulmanes, o humanistas) el derecho a que sus hijos sean preparados para una sociedad plural por maestros cristianos (o judíos, o musulmanes, o humanistas, respectivamente)? ¿Por qué los padres cristianos deben aceptar que sus hijos sean preparados para la sociedad, en una supuestamente escuela neutral, por maestros humanistas, comunistas, ateos o musulmanes? Los cristianos no tienen problemas con humanistas, comunistas, ateos o musulmanes como tales, cuando se trata de derechos humanos y de convivir pacíficamente como seres humanos. Pero sí tienen problemas con humanistas, comunistas, ateos o musulmanes *enseñando a sus hijos pequeños*. Prefieren hacerlo ellos mismos, al igual que los padres judíos, musulmanes y humanistas generalmente prefieren hacerlo ellos mismos.

El Estado como una institución jurídica

Hemos visto que el Estado es una institución jurídica, mientras que el matrimonio, la familia, la iglesia, la escuela, la empresa y la asociación no lo son. Sin embargo, debo repetir que las otras relaciones sociales funcionan en la modalidad jurídica (o, tienen un aspecto jurídico). Si fuera de otra manera, la justicia del Reino de Dios, en cuanto a las relaciones sociales se refiere, sólo podría perseguirse en el contexto del Estado. Por supuesto, esto no es el caso. Por el contrario, en la realidad, el porcentaje de matrimonios, familias, escuelas y empresas donde se mantiene visiblemente la justicia del Reino de Dios parece ser mucho mayor que el porcentaje de Estados donde esto ocurre. El Estado se limita a mantener la justicia pública; esa es su tarea. Y si lo hace explícitamente a la luz de la Palabra de Dios, reconociendo el dominio de Dios, entonces en tal Estado algo del Reino de Dios se manifiesta, por débilmente que sea. Pero de la misma manera, la justicia del Reino de Dios se manifiesta en todos los lugares donde los matrimonios, familias, denominaciones eclesiásticas o congregaciones locales, escuelas, empresas, asociaciones, partidos, etcétera, funcionan de acuerdo con las normas del Reino de Dios.

Sin embargo, dado que sólo el Estado es una institución típicamente jurídica, es el Estado, y sólo el Estado, el que crea las condiciones jurídicas previas para las demás relaciones o comunidades sociales. Noten la palabra *precondiciones* aquí. El Estado no se entromete en el derecho eclesiástico (o derecho canónico), es decir, las leyes que determinan la vida interna de la iglesia, que implican, por ejemplo, cuestiones de gobierno de la iglesia y disciplina eclesiástica. El Estado no tiene nada que decir sobre si las mujeres deberían ser permitidas para predicar en las iglesias, o si las ofensas sexuales no arrepentidas son una causa de excomunión. Tales asuntos son decididos enteramente por las iglesias mismas. Sin embargo, como relación social, la iglesia se encuentra con todo tipo de asuntos de justicia pública, que no pertenecen a su propia jurisdicción sino a la del Estado: el permiso para comprar un determinado terreno para construir un edificio de la iglesia, la interrupción de los servicios religiosos por parte de terceros, molestar a los vecinos con los servicios de la iglesia (demasiados coches, música muy alta). También aquellos casos donde una iglesia implementa terror mental o físico sobre sus (candidatos a) miembros, y así entra en el dominio del derecho penal, son asuntos que conciernen a todos los ciudadanos: una cuestión de justicia pública y de orden y seguridad públicos.

Para repetir: el Estado mantiene el orden jurídico público, en el cual también se mantienen los derechos de las demás relaciones sociales. Las iglesias, escuelas y empresas no tienen tal tarea, sólo los estados lo hacen. Ellos tienen la tarea de mantener en equilibrio y armonía los muchos intereses legales, tanto políticos como no políticos. Por lo tanto, es el Estado, y sólo el Estado, al que se le ha confiado el poder de la espada (Rom. 13:4, los gobernantes "llevan la espada"). Así, el filósofo político sudafricano, Herman J. Strauss, ha definido la autoridad del Estado como una "autoridad de dominio integrador jurídico con un monopolio de la espada dentro de un territorio estatal limitado, para servir a la justicia pública."

Como todo poder y autoridad, este monopolio de la espada es normativo, es decir, está determinado y restringido por normas divinas. Así, sólo el Estado puede aplicar su poder de espada sobre sus ciudadanos sentenciándolos a prisión

—después de un juicio justo— o incluso ejecutándolos. Los líderes religiosos, padres, maestros, empleadores, administradores, etcétera, no tienen poder de espada sobre su gente. Para asegurarse, los padres pueden castigar a sus hijos, los maestros pueden castigar a sus alumnos, los empleadores pueden castigar a sus empleados (por ejemplo, al no pagarles bonificaciones), las juntas pueden castigar a los miembros de sus asociaciones (por ejemplo, excluyéndolos). Pero no pueden encarcelar a tales personas ni ejecutarlas; sus formas de castigo están restringidas por la legislación estatal. Por lo tanto, es el Estado el que interviene cuando los padres castigan a sus hijos demasiado severamente, o cuando los empleadores despiden arbitrariamente a sus empleados.

Por el contrario, el Estado no está autorizado a exceder su autoridad, por ejemplo, ejecutando herejes que han sido condenados por la iglesia, como sucedía frecuentemente en la época de la Inquisición (ver arriba). O, si los padres no están autorizados a castigar a sus hijos con la espada, el Estado no puede hacer esto por ellos. Los niños, alumnos, empleados, miembros de la iglesia, etcétera, deben ser castigados *sólo* por el Estado si han violado la ley penal pública.

Debido a esta posición única del Estado como relación jurídica, podemos tener cierta comprensión del hecho de que el Estado a menudo ha sido asociado de una manera especial con el Reino de Dios y su justicia. Esto es tan erróneo como cuando las personas asignan tal papel a la iglesia, es decir, a una determinada denominación eclesiástica, particularmente a la *iglesia estatal*, en la medida en que tal iglesia aún existe en ciertos países. La Iglesia Católica Romana sigue siendo la iglesia estatal en países como Argentina, Bolivia, Liechtenstein, Mónaco, Paraguay y Perú. La Iglesia de Inglaterra es la iglesia estatal en Inglaterra (pero no en el resto del Reino Unido), la Iglesia Luterana sigue siendo la iglesia estatal en Dinamarca e Islandia (ya no en Suecia y Noruega), y la Iglesia Ortodoxa es la iglesia estatal en países como Grecia y el país caucásico de Georgia. Puede ser comprensible si las personas en tales países ven el Reino de Dios realizado en su Estado, especialmente en conexión con su iglesia estatal. Pero esto sería erróneo. El Reino se manifiesta —o debería manifestarse— en vidas individuales así como en *todas* las relaciones sociales; en familias, escuelas, empresas, etcétera, tanto como en el Estado y la iglesia.

Las personas podrían argumentar que, de todas las relaciones sociales, la iglesia sabe mejor cuál es la justicia de Dios, y que por lo tanto, la iglesia es preeminentemente el lugar donde el Reino de Dios se manifiesta. En el capítulo 6 veremos por qué esto es un gran error. De ninguna manera puede identificarse el Reino de Dios con alguna relación o comunidad social en particular. Por el contrario, el Reino de Dios "avanza con fuerza" en *todas* las posibles relaciones sociales donde se busca y se mantiene la justicia de acuerdo con los principios de la Palabra de Dios y su dominio. Volveremos a este punto esencial varias veces.

Preguntas para revisión

1. Explica e ilustra la noción de soberanía de esfera.

2. Da ejemplos de la historia de cómo el Estado y la iglesia han violado la soberanía de esfera.

3. ¿Por qué es importante no identificar el Reino de Dios con un Estado-nación particular?

4. ¿Qué es la justicia pública?

5. Explica el aspecto jurídico de (a) la escuela, o (b) la familia. Ilustra las maneras en que el estado mantiene la justicia pública hacia la relación social que elijas.

6. ¿Crees que de estas afirmaciones ambas son verdaderas: (a) que el Estado puede permitir la inmoralidad sexual y (b) que los funcionarios del gobierno pueden desaprobar la inmoralidad sexual? ¿Por qué (no)?

7. En la Biblia, especialmente en el Antiguo Testamento, ¿por qué permitió Dios cosas que estaban mal?

8. Explica por qué ninguna escuela puede ser religiosamente neutral.

9. Explica la diferencia entre las escuelas parroquiales cristianas (piensa en las escuelas católicas romanas y muchas escuelas luteranas) y las escuelas cristianas patrocinadas por los padres.

10. ¿Por qué una "iglesia estatal" es una violación de la soberanía de esfera?

CAPÍTULO III

OFICIOS Y RESPONSABILIDADES

Para toda filosofía política cristiana, es de suma importancia discernir la relación adecuada entre las diversas oficinas y responsabilidades, por un lado, y el Reino de Dios, por el otro. No sabría cómo representar esta relación mejor que con la ayuda de una distinción hecha por el filósofo cristiano holandés, Dirk Vollenhoven (1892-1978) (véase mi libro, *Sabiduría para los pensadores*, p. 106) Me refiero a la distinción que Vollenhoven hizo entre lo que él llamó "estructura" y "dirección".

Estructura y dirección

El término *estructura* tiene que ver con las estructuras de la creación, es decir, las leyes estructurales que Dios ha instituido para sus numerosas criaturas, para las relaciones o comunidades sociales que forman, y para las diversas modalidades cósmicas. *La dirección* es una dimensión que es, por así decirlo, perpendicular a la de la estructura; implica la orientación o dirección de cualquier entidad, comunidad, evento o estado de cosas. Hay muchas estructuras, pero básicamente sólo hay dos direcciones: o la orientación positiva hacia el Creador y su honor, o la orientación apóstata, lejos del Creador, hacia su deshonra. O, para decirlo claramente, por un lado, está la dirección hacia el Reino de Dios, por el otro, la dirección hacia el reino de Satanás.

Con la ayuda de estas dos dimensiones, estructura y dirección, podemos explicar cómo la caída del hombre ha cambiado la *dirección* del corazón humano. El corazón natural del hombre, es decir no redimido, ya no está orientado hacia Dios y su honor, sino apostáticamente (una palabra relacionada con la *apostasía*) dirigido lejos del Creador hacia falsos dioses. Sin embargo, la caída no cambió la dimensión *estructural* de la realidad cósmica, porque eso significaría que el ordenamiento legal de Dios se cambió. ¿Cómo podría el pecado cambiar la poderosa y permanente Palabra creadora de Dios, mediante la cual llamó al mundo a la existencia (la frase "Dijo Dios" aparece diez veces en Gen. 1; Sal. 33:6, 9; Rom. 4:17)? El pecado no alteró los ordenamientos de Dios; lo que alteró fue el funcionamiento de las criaturas bajo estos ordenamientos. Si el pecado hubiera perturbado también el orden legal, esto implicaría que la caída del hombre había destruido la naturaleza misma de la creación. Eso significaría que el pecado y Satanás juegan un papel autónomo frente a Dios, una afirmación que afectaría la soberanía misma de Dios. No, el ordenamiento legal de Dios no ha cambiado, porque Dios no ha cambiado, pero el funcionamiento del hombre bajo la ley ha cambiado para peor. La estructura no cambió, pero la dirección sí.

También, después de la caída, las leyes a las que está sujeta la realidad aún pueden llamarse "ordenanzas creadoras" (un término bien conocido en el pensamiento reformado). Estas ordenanzas siguen siendo las leyes originales como Dios las instituyó para la creación en el principio. En la manera en que Dios ha mantenido el orden legal cósmico, también después de la caída, su gracia y fidelidad de pacto hacia la humanidad caída salen a la luz. Por esta fidelidad, hace que el sol salga sobre buenos y malos, y envía lluvia sobre justos e injustos (Mateo 4:45). Por esta gracia, la naturaleza y la sociedad humana después de la caída no han sido entregadas al poder del mal. Como consecuencia, no se han desmoronado sino que han permanecido intactas. Esta gracia se ha referido como la "gracia común" de Dios, para distinguirla de la "gracia especial" de Dios, que se manifiesta en la redención. Hay dificultades teológicas con este término, pero están más allá del alcance de mi estudio actual.

Apostasía

En resumen, las estructuras no cambiaron —la dirección del corazón humano sí. El corazón se ha apartado de Dios y su ley. El hombre natural todavía puede hablar de manera lingüísticamente correcta, pero su lenguaje es básicamente idolátrico. Todavía forma relaciones sociales adecuadas, pero su dirección religiosa esencial se aparta de Dios hacia ídolos e ideologías. El hombre natural todavía hace ciencia, a menudo de manera excelente, pero su ciencia también está principalmente dirigida a falsos dioses. El hombre natural y el hombre regenerado todavía están sujetos al mismo orden legal divino, pero viven en función de diferentes elecciones direccionales del corazón.

En el pensamiento, el habla y la acción de ambos grupos, las normas y principios de la ley de Dios siempre permanecen presupuestas. Pero mientras que la persona orientada hacia Dios ha elegido la obediencia a estas normas como base de su vida —aunque en la práctica pueda fallar en esto—, la persona orientada hacia el ídolo vive parasitariamente de la ley de Dios en desobediencia. El hombre natural es un parásito porque, a través de la "gracia común" de Dios, la ley

de Dios sostiene también su vida, mientras intenta vivir como
si sólo sus propias leyes fueran válidas para él. El pecado
siempre presupone la ley de Dios, ya que la desobediencia a
Dios se refiere implícitamente a leyes divinas que no se están
obedeciendo. Así, el daño, por ejemplo, de mentir y robar,
se refiere implícitamente a la norma: "No mentirás" o "No
robarás".

La distinción entre "estructura" y "dirección" puede ayudarnos a ver cómo se relacionan entre sí los diversos oficios
y responsabilidades, por un lado, y el Reino de Dios, por el
otro. "Estructura" se refiere a las diversas estructuras normativas que el Creador ha establecido en la realidad cósmica.
Así como, por ejemplo, el matrimonio, la familia, la escuela
y la empresa, el Estado también tiene su propia estructura,
preestablecida por Dios, es decir, establecida en el orden
creacional de Dios. Por lo tanto, esta estructura no está determinada autónomamente por el hombre, sino que tiene
un carácter normativo, es decir, está bajo las normas de Dios.
Este "plan" normativo preestablecido es lo que, según las
ordenanzas de Dios, hace que un Estado sea un Estado. En
otras palabras, un Estado es un *Estado* si y sólo si responde
a la ley estructural de un Estado según lo establecido en el
orden creacional de Dios.

Ayudará entender lo que estoy tratando de decir si llamamos a estas estructuras creacionales "horizontales", y llamamos a la dirección "vertical", porque esta última implica la
orientación de las estructuras sociales. Estas estructuras están
dirigidas hacia Dios como Creador y Legislador, para servirlo
y honrarlo, también dentro del Estado, o, como suele ser
el caso después de la caída del hombre, dirigidas lejos de
Dios, en una dirección apóstata. En ese caso, el Estado está

principalmente ahí para servirse a sí mismo (socialismo), o al individuo (libertarismo), o "al partido" (comunismo), o "a la nación" (*das Volk*; nacionalsocialismo), o cierta ideología (todas ellas).

Hasta cierto punto, podríamos decir que en el socialismo el Estado es deificado; en el libertarismo lo es el individuo; en el comunismo lo es el partido; y en el nacionalsocialismo, la nación es deificada. Sólo en una situación verdaderamente bíblica, el Estado, así como el individuo, el partido y la nación, están dirigidos hacia Dios. No servimos al Estado, sino que tanto el Estado como nosotros servimos a Dios. No veneramos al individuo, al partido o a la nación; no, tanto nosotros como el individuo, el partido y la nación debemos venerar a Dios.

Estructura/dirección y el Reino

Si comprendemos correctamente "estructura" y "dirección" como dos polaridades, por así decirlo, una perpendicular a la otra, veremos que eso no es un dualismo; veremos de inmediato que el Reino de Dios nunca puede ser identificado con una sola relación social, cualquiera que sea ésta. En la historia del pensamiento cristiano se pueden señalar varios ejemplos de tales asociaciones falsas. Algunas personas han asociado, o incluso identificado, el Reino de Dios especialmente con la iglesia, otros especialmente con el Estado, y otros especialmente con la familia.

En este contexto, pienso en la famosa Controversia de la Investidura en la Europa medieval (durante los siglos XI y XII, en particular): ¿quién tenía derecho a "investir" (es decir, aquí, investir con un cargo oficial) a un nuevo obispo: el emperador del Sacro Imperio Romano —la figura política más alta en Europa— o el papa, la figura espiritual más alta en

Europa? El emperador decía que tenía derecho a hacer esto porque muchos obispos son "príncipes" (jefes políticos) en su diócesis, por lo tanto, sus vasallos. El papa decía que tenía derecho a nombrar nuevos obispos porque los obispos tienen cargos espirituales, y sólo él podía instalarlos en estos cargos. En otras palabras, esto fue una batalla entre el imperio y la iglesia. Esta controversia duró hasta el Concordato de Worms (1122) cuando se resolvió el asunto: el emperador debía instalar al nuevo obispo como príncipe secular en su diócesis, y el papa debía instalarlo como funcionario espiritual en la iglesia.

Si en aquellos días hubieras preguntado dónde se manifestaba más evidentemente el Reino de Dios, los partidarios del emperador habrían respondido, Por supuesto, en el *Sacro Imperio Romano*. Los partidarios del papa habrían respondido: por supuesto, en la Iglesia *Católica Romana*. En mi opinión, ambos estaban equivocados, no sólo en la práctica, sino también en principio. El Reino de Dios tiene que ver con la dirección de *cada* una de las diversas estructuras sociales de manera *similar y simultánea*, no sólo el Estado y/o la iglesia. Presumo que, durante esa lucha entre el emperador y el papa, el Reino de Dios se manifestó mucho mejor en muchas familias cristianas, escuelas cristianas y humildes parroquias locales.

El Señor reina, no sólo a través del Estado o la iglesia, sino sobre el Estado y sobre la iglesia, y sobre familias, escuelas, gremios, y hoy: sobre familias, escuelas, universidades, empresas, asociaciones y partidos políticos. Es incorrecto sugerir que, porque el Señor es Rey, el Reino de Dios está especialmente asociado con el gobierno de reyes cristianos y otros líderes gubernamentales cristianos. Se establece un vínculo demasiado fuerte entre el Reino de Dios y los Estados o imperios de este mundo "cristianizados".

Sería igualmente erróneo, sin embargo, argumentar que, porque vivimos en un mundo malvado, el Reino de Dios se manifiesta especialmente en familias cristianas, que se cree que funcionan como puntos brillantes en un mundo oscuro (la tercera opción que mencioné). Lo hacen, pero las escuelas cristianas genuinas a las que asisten los niños, las empresas cristianas donde trabajan los padres de tales familias, y las asociaciones cristianas a las que pertenecen los padres y/o madres, son igualmente puntos brillantes en un mundo oscuro, por no mencionar las parroquias locales fieles.

"Mundo" y "sociedad"

El error básico aquí es el antiguo error pietista, casi indeleble, de identificar "mundo" con "sociedad". Evitar el inicuo mundo se interpreta entonces como evitar la sociedad. Todos los creyentes deben evitar el mundo en el sentido vertical (dirección). Este mundo se refiere a menudo, aunque no siempre, al mundo del cual Satanás es el dios y el gobernante (2 Corintios 4:4; Juan 12:31; 14:30; 16:11), y donde "las fuerzas cósmicas sobre esta oscuridad presente" están operando (Efesios 6:12). Este es el mundo que "yace en el poder del maligno" (1 Juan 5:19; cf. 2:15-17), y a cuyo "patrón" no debemos "conformarnos" (Romanos 12:2).

Esto es muy importante. Pero a menudo este mundo se confunde completamente con la dimensión horizontal: la de las estructuras. Esto sucede cuando la gente nos dice que evitar el mundo significa evitar ciertos ámbitos de la sociedad, especialmente la política, las universidades, los sindicatos,

las asociaciones deportivas, las artes, la ciencia, el cine, los
teatros, las salas de conciertos y muchas otras formas de vida
social. Volveré a esto en el capítulo 5.

"Mundo" es un concepto vertical, que tiene que ver con la
dirección, y no con ciertos ámbitos de la sociedad. "Sociedad"
es un concepto horizontal, que tiene que ver con la estructura. No tiene sentido tratar de evitar ciertas relaciones sociales,
porque en *cada* relación social el inicuo mundo puede manifestarse. Esto es lo mismo que decir que el pecado y Satanás
se manifiestan en él. ¿Quieren los pietistas evitar la iglesia?
Pregunto esto porque incluso en la iglesia el mundo (es decir,
"los deseos de la carne y los deseos de los ojos y el orgullo
de la vida", 1 Juan 2:16) puede manifestarse. ¿Quieren los
pietistas evitar la familia? Recuerden, incluso la familia no
está a salvo de las influencias del mundo. Ninguna relación
social o lugar social es *por naturaleza* más mundano que cualquier otro: *en sí mismo*, el cine no es más mundano que la
iglesia, un club deportivo no es más mundano que la familia,
un partido político no es más mundano que un club bíblico.
En todas estas relaciones y lugares, o el reino de satanás o
el Reino de Dios pueden manifestarse; no hay nada malo
en ellos como tal, aunque tengo que admitir que el Reino
de Dios es más probable que se manifieste en una familia
cristiana que en cualquier cine o cualquier Estado-nación.

Hace décadas, comencé a involucrarme en la política
(cristiana) y fui colocado en la lista de candidatos de un
partido cristiano (ya sea para el parlamento nacional o para el
consejo municipal). Me resultó impactante ver cómo algunos
pietistas me criticaban por hacer eso. Me culpaban por estar
involucrado con la "política de este mundo", como algunos
lo expresaban. A veces estas personas eran las mismas que

ocupaban altos cargos en la sociedad; por ejemplo, estaban involucradas en la "banca de este mundo", las "empresas de este mundo", la construcción de "carreteras y puentes de este mundo". No vieron que el mundo puede manifestarse en todas partes, no sólo en la política, sino también en la banca —a la luz de los acontecimientos de los últimos años podríamos incluso decir, especialmente en la banca— en los negocios, o cualquier actividad en la sociedad.

Por el contrario, el Reino de Dios puede manifestarse igualmente en *todas* las relaciones o comunidades sociales: en los matrimonios, en las familias, en las iglesias, en los Estados, en las escuelas, en las empresas, en las asociaciones, en los partidos políticos, en fin. Ninguno de *ellos*, según su naturaleza creada, es más orientado al Reino que los demás, *ni siquiera la iglesia*. La dirección dentro de *cada una* de estas relaciones sociales se manifiesta ya sea en la apostasía ("el mundo"), o en la dedicación y obediencia a Dios ("el Reino de Dios").

Por supuesto, me doy cuenta de que, en la práctica, a menudo vemos una mezcla. El pecado y Satanás pueden entrar en familias cristianas, escuelas cristianas y congregaciones cristianas a través de la televisión y el Internet, o incluso simplemente a través de la "carne" pecaminosa de sus miembros. En cada relación social, en el mejor de los casos, sólo se manifiestan destellos del Reino de Dios. Pero estos destellos son indeciblemente más que nada, así como incluso el más pequeño rayo de luz significa indeciblemente más que la oscuridad total.

Todas las Relaciones

Repito: es de importancia fundamental que Jesucristo reine sobre todas las relaciones sociales. Visiblemente, este es el caso en aquellas relaciones en las que las personas, a través de la regeneración y el poder del Espíritu Santo, reconocen la autoridad de Cristo y obedecen sus mandamientos, como corresponde en el Reino de Dios: enseñamos a los bautizados todos los mandamientos de aquel que tiene toda autoridad en el cielo y en la tierra (Mateo 28:18-20). Existe algo así como la "ley real" (Santiago 28), es decir, la ley del Reino, los mandamientos del Rey. Estos no son sólo los mandamientos que se encuentran explícitamente en el Nuevo Testamento, sino que también incluyen, por ejemplo, los ordenamientos creadores que fueron establecidos desde el principio.

La palabra "visiblemente" que acabo de usar no significa que el Rey mismo se haga visible en la era presente. Él permanece oculto (cf. nuevamente Colosenses 3:3); él está en la "tierra lejana" (Lucas 19:12). No, "visiblemente" significa que, en tales relaciones sociales, su dominio se manifiesta visiblemente en personas que se someten a él. Nada está exento de su dominio, ni siquiera el Estado. El mundo *entero* es el Reino de Cristo (cf. Mateo 13:38 con el v. 41); los ángeles, las autoridades y los poderes están sometidos a él (1 Pedro 3:22). Dios sentó a Cristo "a su diestra en los lugares celestiales, sobre todo principado y autoridad y poder y señorío", ya "en este siglo", y Dios "sometió todas las cosas bajo sus pies y lo dio por cabeza sobre todas las cosas" (Efesios 1:20-22), incluyendo las autoridades terrenales (Romanos 13:1). Por lo tanto, toda nación que, en principio y en práctica, funcione reconociendo el reinado de Cristo, también dentro de la vida política, es una manifestación, no importa cuán débil, del Reino de Dios.

Del mismo modo, cada familia que vive reconociendo el reinado de Cristo es una manifestación, no importa cuán débil, del Reino de Dios. Cada matrimonio en el que se respetan los ordenamientos de Dios para el matrimonio es una manifestación del Reino de Dios; es decir, el gobierno de Cristo se reconoce de manera práctica. Cada denominación iglesia y cada congregación local que está gobernada por la Palabra de Dios, y no por la voluntad de un hombre religioso supuestamente autónomo, es una manifestación del Reino de Dios. Cada escuela cristiana, cada empresa cristiana, cada asociación cristiana, cada partido político cristiano en el que se reconoce la Palabra de Dios y se respeta el dominio de Cristo es una manifestación del Reino de Dios, no importa cuán débil.

La autoridad que el Señor tiene dentro de todas las relaciones sociales se delega a las autoridades dentro de cada una de ellas. En el *matrimonio*, el esposo es la cabeza, y debe ser respetado como tal por la esposa (lo que no será difícil para ella si él la ama como Cristo amó a su iglesia y se entregó por ella; Efesios 5:22; Colosenses 3:18; 1 Pedro 3:1). En la *familia*, son los padres (Efesios 6:1; Colosenses 3:20). En la *iglesia*, son los supervisores ("obispos") y ancianos ("presbíteros", sacerdotes) (1 Timoteo 3:1-7; Tito 1:5-9; 1 Tesalonicenses 5:12, etc.). En el *Estado*, son aquellos que gobiernan (Romanos 13:1-7; Tito 3:1; 1 Pedro 2:13-17).

Estas son precisamente las cuatro relaciones institucionales que descansan en el orden legal divino instituido para toda la realidad cósmica. Debemos distinguirlas de las relaciones que no tienen una conexión directa con el orden divino, como la escuela, la empresa, la asociación y el partido político. Estas son el resultado histórico de una unión libre de individuos, una unión de la cual uno puede separarse voluntariamente. Por favor, ten en cuenta: tales relaciones sociales voluntarias tienen, no obstante, un carácter normativo, es decir, deben estar sujetas a las reglas del Reino de Dios, al igual que cualquier otra relación social. Sólo estoy diciendo que tenemos mucha más libertad para unirnos a ellas, o para dejarlas.

Diferencias

Hemos distinguido entre relaciones instituidas directamente por Dios —matrimonio, familia, Iglesia (con mayúscula), y Estado— y aquellas que son el resultado de desarrollos históricos: denominaciones eclesiásticas, congregaciones locales, escuelas, empresas, partidos políticos, asociaciones. Las diferencias entre estas dos categorías no deben ser descuidadas. Tienen consecuencias para la forma en que respondemos a la autoridad. Matrimonio, familia, iglesia y Estado abarcan a los seres humanos a lo largo de sus vidas (si dejamos de lado por un momento a los divorciados, viudos, solteros, sin iglesia, y sin Estado). Esto significa que, dentro de estas relaciones, constantemente nos enfrentamos a relaciones de autoridad: entre esposo y esposa, entre padre e hijo, entre pastor y miembro de la iglesia, entre un magistrado y un ciudadano común.

Por lo tanto, ciertamente podemos concluir que, aparte de la obediencia personal al Maestro, nuestra obediencia dentro del Reino de Dios se manifiesta primordialmente en nuestra obediencia a las personas con autoridad a quienes Dios ha colocado en matrimonio, familia, iglesia y Estado.

"Porque no hay autoridad sino de parte de Dios, y las que hay, por Dios han sido establecidas" (Romanos 13:1). Por lo tanto, someterse a las autoridades es someterse a Dios mismo. La obediencia a Dios muy a menudo simplemente significa obedecer a tus padres, tus mayores (pastores, obispos), las autoridades estatales y municipales. Por supuesto, todas estas autoridades pueden cometer grandes errores que no son dignos del Reino de Dios. Sólo en tales casos hay una especie de escapatoria final: siempre tenemos que obedecer a Dios más que a los humanos, sean quienes sean (Hechos 4:19; 5:29). Pero este caso muy excepcional no cambia la regla como tal; es decir, la obediencia a Dios implica la obediencia a las autoridades que él ha instituido en matrimonio, familia, iglesia y Estado.

Con las relaciones sociales que no están directamente ancladas en el orden legal divino, es un poco diferente. Las relaciones institucionales abarcan toda mi vida. No puedo entrar en otro matrimonio así como así (el divorcio es antinormativo), o en otra familia, y el cambio a otra denominación de iglesia o a la ciudadanía de otro país es un asunto que afecta a las personas en lo más profundo de su ser. Por lo tanto, aquí estamos tratando con un verdadero *vínculo* de autoridad, por así decirlo: no puedo simplemente reemplazar a mi cónyuge, mis padres, mis ancianos o mi gobierno por otras personas. Por supuesto, los ancianos van y vienen, y los gobiernos son regularmente reemplazados por otros gobiernos. Pero eso no cambia el principio: estoy sujeto a "mis ancianos" o "mi gobierno", quienesquiera que sean en un momento dado.

En las relaciones no institucionales esto es bastante diferente. Es cierto, estoy obligado a obedecer sobre la base

de regulaciones o contratos: me he comprometido a obedecer dentro de los términos de tales acuerdos. Pero estos
son acuerdos *voluntarios*: los acepté por mi propia voluntad, y
puedo abandonarlos por mi propia voluntad (en el momento
y las condiciones que las estipulaciones de este acuerdo me
permitan, por supuesto, pero he aceptado estas condiciones
de antemano por mi propia voluntad). Si no estoy satisfecho con mis maestros, puedo cambiarme a otra escuela. Si
no estoy satisfecho con mi empleador, puedo buscar otro
trabajo. Si la junta directiva de mi club o partido político
me decepciona, podría considerar cancelar mi membresía.
(Por favor, ten en cuenta nuevamente esta diferencia vital: no
puedo decir de manera similar que, si mi esposa, mis hijos,
mi iglesia o mi Estado me decepcionan, voy a buscar otra
esposa, otros hijos, otra iglesia u otro Estado).

Autoridad Oficial

La autoridad oficial es la autoridad de los "funcionarios", es
decir, aquellos encomendados con ciertos "cargos". Jesucristo
tiene autoridad oficial en tres aspectos debido a su triple
oficio como Mediador: como Rey, Sacerdote y Profeta. La
autoridad siempre está vinculada y limitada a un cierto cargo.
En una familia, el padre no debe desempeñar el papel de
anciano, incluso si es anciano en la iglesia, o de estadista en
su hogar, incluso si es un estadista en el gobierno, sino ser
el *padre*. Él tiene que ejercer su autoridad de acuerdo con
la naturaleza de su cargo paterno. Si es un policía, ejerce
ese cargo en la calle, no en casa. La autoridad oficial es
normativa: la persona que sobrepasa los límites de su cargo
actúa de manera antinormativa.

Al mismo tiempo, es cierto que aquellos que descuidan su cargo también actúan de manera antinormativa. Cada cargo implica un llamado divino, que debe ser llevado a cabo. Un cargo no es sólo un título honorífico, sino que implica *trabajo* por hacer. Si eres padre, cónyuge, anciano, funcionario estatal, ¡haz algo al respecto! Un esposo sólo "gana" el respeto de su esposa mediante la dedicación más amorosa (Efesios 5:22-29; Colosenses 3:19; 1 Pedro 3:7). Un padre no debe amargar a sus hijos, sino criarlos para el Señor y en beneficio de los niños, no para los intereses propios del padre (Efesios 6:4; Colosenses 3:21). Los ancianos y pastores deben proteger y alimentar al rebaño del cual el *Espíritu Santo* los ha hecho supervisores (Hechos 20:28); no deben explotar ni tiranizar al rebaño (1 Pedro 5:2-3). Las autoridades estatales y municipales deben gobernar en beneficio de los ciudadanos (Romanos 13:4). Los mejores reyes son aquellos que aman y sirven al Rey, y que ven su servicio hacia los demás bajo esta luz.

Así, cumplir con un cargo nunca sirve principalmente a los propios intereses sino a los de los demás. Jesucristo es nuestro gran ejemplo: él, que nos "confiere" un Reino (como él mismo lo dice) dijo: "Los reyes de las naciones se enseñorean de ellas, y los que tienen autoridad sobre ellas son llamados bienhechores. Pero no así vosotros; antes el mayor entre vosotros sea como el más joven, y el que dirige, como el que sirve. Porque, ¿quién es mayor, el que se sienta a la mesa, o el que sirve? ¿No es el que se sienta a la mesa? Más *yo estoy entre vosotros como el que sirve*" (Lucas 22:25-30, énfasis añadido; cf. Efesios 5:22-23). "Porque el Hijo del hombre no vino para ser servido, sino para servir" (Mateo 20:28). Esto es lo que implica la autoridad oficial según los principios de Dios: es dominio, pero siempre un dominio servicial. No se trata de servir a los propios intereses, ni a los de los amigos (nepotismo), sino a los intereses de las personas encomendadas al "oficial", para el honor de Dios. En toda autoridad ejercida de esta manera bíblica *se manifiesta algo del Reino de Dios.*

Permíteme volver aquí a la excepción mencionada en Hechos 4:19 ("¿Es justo delante de Dios obedecer antes que a vosotros [autoridades], oír a Dios?") y 5:29 ("Es necesario obedecer a Dios antes que a los hombres"). Este es un principio bíblico, y por lo tanto, perfectamente cierto, pero es un principio que puede ser muy fácilmente abusado. Las esposas deben respetar a sus esposos, incluso si son esposos desobedientes (1 Pedro 3:1). Los hijos, alumnos y miembros de la iglesia deben obedecer a sus padres, maestros y ancianos y pastores, respectivamente, incluso si estos "oficiales" a veces se comportan mal. Incluso un funcionario estatal malvado como el emperador Nerón debía ser obedecido (Romanos 13:1-7). Los esclavos y sirvientes deben obedecer a sus amos, incluso si estos son duros (1 Pedro 2:18). Por lo tanto, los cristianos deben ser muy cuidadosos cuando apelan al principio de que "Dios debe ser obedecido más que a los seres humanos".

Entre la espada y la pared

La excepción de Hechos 4:19 y 5:29 es sólo un *último recurso,* aplicable sólo si la obediencia a las autoridades implicaría una desobediencia directa a Dios. Un ejemplo simple puede bastar. Si tuviera que enviar a mis hijos a una escuela estatal donde estarían expuestos a todo tipo de pensamiento apóstata —tal vez bajo el pretexto de una enseñanza supuestamente neutral—, podría surgir una situación en la que tendría que decir: Hasta aquí llegamos. Necesitaría asesoramiento legal sobre lo que podría hacer en una situación así. La educación en el hogar podría ser una posibilidad. Pero el ambiente social de una escuela generalmente es preferible a la atmósfera privada de la educación en el hogar.

Entonces, ¿cuáles son las opciones? Pueden diferir de un país a otro, de una situación a otra, de un padre a otro y de un niño a otro. Pero los padres pueden sentir que están entre la espada y la pared al observar con gran tristeza a qué tipos de pensamientos pecaminosos están expuestos sus hijos en la escuela estatal.

Repito aquí lo que dije antes: ningún Estado, ningún periodista, ningún filósofo, ni siquiera teólogos y funcionarios de la iglesia, deben decirles a los padres qué constituye "pensamiento pecaminoso", y qué nivel de "pensamiento pecaminoso" —a veces encubierto como pensamiento supuestamente neutral— los padres aún deben considerar aceptable para sus hijos. *Depende de los padres, y de nadie más*, decidir eso para *sus* hijos. Estos son sus hijos, no del Estado, ni de la iglesia. Por supuesto, otras personas pueden ayudar a informar a los padres en este sentido, ayudarles a desarrollar su propio pensamiento, aconsejarles, animarles a desarrollar más tolerancia o, por el contrario, a encontrar el valor para protestar. Pero al final, son los padres quienes deciden.

Es el deseo —o incluso un principio fundamental— de muchos padres cristianos (y judíos, y musulmanes, etcétera) que la escuela sea una extensión del hogar cristiano (o judío, o musulmán, etcétera). Cuanto más jóvenes son los niños, más sensibles y receptivos son, y más exigirán los padres que la atmósfera cristiana (o judía, o musulmana, etcétera) del hogar se extienda a la escuela. Lo que enseñan a sus hijos en casa, no quieren ver cómo es destruido en la escuela. Cuando los niños crezcan, podrán y decidirán por sí mismos. Pero mientras sean inmaduros, es *responsabilidad* de todos los padres —cristianos y no cristianos— asegurarse de que sus hijos sean educados en la escuela de manera similar a como lo son en casa.

Los padres pueden estar equivocados —los cristianos tienen ideas diferentes sobre la educación que los judíos, musulmanes y humanistas—, *pero nadie puede decidir eso por ellos* de manera condescendiente. Si los padres están equivocados, tendrán que descubrirlo por sí mismos, o sus hijos lo descubrirán por sí mismos en su debido tiempo. Ninguna autoridad externa tiene derecho a interferir en este proceso. La única excepción son los padres que tiranizan a sus hijos, los maltratan física o mentalmente. Entonces, es cuestión de *proteger* a los niños contra los padres, tanto física como mentalmente. Pero las autoridades deben ser extremadamente reacias a juzgar una situación familiar como un caso tan excepcional. Lamentablemente, hoy en día está sucediendo más y más en América del Norte que los padres que desean decidir sobre la educación de sus hijos según su cosmovisión cristiana son "diagnosticados" como abusadores mentales de sus hijos. Esto está poniendo el mundo al revés. Nos recuerda a la Francia católica romana, que después de 1685 separó a los niños de los padres protestantes, o a los países comunistas de Europa del Este, donde se separaba a los hijos de padres cristianos, en ambos casos para educarlos según la religión o ideología dominantes. Es una indicación temprana de la inclinación hacia el totalitarismo.

Preguntas para revisión

1. Explica el significado de los términos *estructura* y *dirección*.

2. Ilustra el impacto de la caída de la humanidad en el pecado tanto en la *estructura* como en la *dirección*.

3. "El Reino de Dios es idéntico a la Iglesia". Verdadero o falso? ¿Por qué?

4. Explica, con referencia a la Biblia, las diferencias entre el "mundo" y la "sociedad".

5. Explica con tus propias palabras lo que significa que el Reino de Dios puede manifestarse en el matrimonio cristiano.

6. Explica la distinción entre las relaciones sociales que descansan en el orden legal instituido para toda la creación, y las relaciones sociales que surgieron en la historia.

7. Explica por qué la distinción que explicaste para la pregunta 6 es importante para la vida cristiana en el mundo.

8. Piensa en todas las muchas relaciones que tienes. Ilustra varios "cargos" que ocupas y menciona algunas formas en que ejerces esos cargos.

9. A la luz de lo que has aprendido en este capítulo, evalúa esta afirmación: "La educación de un niño es una responsabilidad que pertenece principalmente, aunque no exclusivamente, a los padres del niño".

CAPÍTULO IV

TEOCRACIA

La cuestión de la *teocracia* siempre ha sido un problema espinoso en cualquier discusión sobre la política cristiana, y la confusión que genera ha sido a menudo tremenda. Algunos cristianos rechazan de plano la noción de teocracia debido a las connotaciones muy negativas que tiene. Les recuerda a teólogos o filósofos cristianos que, según ellos, manejaron la noción de teocracia de manera muy equivocada. Permítanme dar un ejemplo de uno de los malentendidos comunes en relación con la teocracia. La gente argumenta: "La teocracia literalmente significa 'poder divino', y la democracia significa 'poder del pueblo'. Los dos están radicalmente opuestos: o es Dios quien reina, o es el pueblo quien reina. No se pueden tener ambos. La teocracia es el ideal de Dios y, por lo tanto, también es el ideal del cristiano. Por lo tanto, los cristianos deben oponerse a la democracia".

Nada podría estar más lejos de la verdad que este tipo de razonamiento. Creo firmemente en la teocracia, y creo firmemente en la democracia. Para mí, los dos no son en absoluto contradictorios ni mutuamente excluyentes. Pienso que es uno de los desafíos, así como uno de los beneficios, de una politología cristiana (el estudio de los sistemas políticos) el aclarar malentendidos como éste.

Por cierto, hoy en día apenas parece haber un problema. Incluso los cristianos más estrictos aceptan el sistema democrático, al igual que muchos judíos muy estrictos en Israel lo aceptan. Esta aceptación se manifiesta en cristianos estrictos, así como en judíos, uniéndose a partidos políticos existentes o formando sus propios partidos, con los cuales participan en el sistema democrático de sus respectivos países. Sin embargo, esto no significa que todos los cristianos ortodoxos o judíos puedan *explicar* por qué, como defensores de la teocracia, no tienen dificultad con el sistema democrático. No pueden *dar cuenta* de esta aparente discrepancia. Aquí es donde entra en juego una politología bíblica (ciencia política).

Malentendido

Por supuesto, la confusión entre teocracia y democracia es creada por el hecho de que ambos términos terminan con el sufijo -*cracia*. Por lo tanto, parecen pertenecer a la misma categoría, lo cual no es el caso en absoluto. La democracia es una forma de gobierno estatal, al igual que la aristocracia (el ideal de Platón) y la nomocracia (el Estado eclesiástico medieval). La teocracia, sin embargo, al igual que la tecnocracia, burocracia, oclocracia (supremacía de la multitud, "gobierno de la turba"), dominocracia (supremacía de los pastores de la iglesia), ergatocracia (supremacía de los trabajadores) y ginecocracia (supremacía de las mujeres), no son formas serias de gobierno político. Son dispares porque pertenecen a categorías incomparables.

Para ser más precisos: la teocracia y la democracia se relacionan entre sí como la *dirección* se relaciona con la *estructura* (recordarán todo lo que dije sobre esta distinción antes). Dentro de la estructura normativa fundamental que, según las ordenanzas creacionales de Dios, hace que un Estado sea un Estado, son posibles varias *formas* diferentes de Estado, de las cuales la democracia es sólo una. El gran historiador y político holandés, Guillermo Groen van Prinsterer (1801-1876), fue durante muchos años miembro del parlamento holandés. En su famosa obra, "*Incredulidad y Revolución*", argumentó que, para una politología cristiana, lo decisivo no es la *forma* del Estado como tal, aunque algunas formas son definitivamente mejores que otras, sino el grado en que, dentro de una forma de Estado dada, se observan los mandamientos de Dios. En nuestros términos, lo decisivo para una ciencia política cristiana no es principalmente la *estructura* del Estado, sino su *dirección*, su orientación espiritual, hacia Dios o hacia el pecado y Satanás; es decir, el grado en que el Reino de Dios se manifiesta en el Estado.

Como dije, por un lado, cada Estado tiene una *estructura* fundamental que hace que un Estado sea un Estado. Dentro de los límites de esa estructura fundamental, hay muchas formas que el hombre, en su responsabilidad ante Dios, puede dar al Estado. La democracia es una de estas formas. Por otro lado, la teocracia tiene que ver con la *dirección* del Estado, no con su forma. Ya sea que tengamos que ver con una monarquía absoluta, una aristocracia o una democracia, en todos estos casos el Estado está orientado *teocráticamente* (*theos* = Dios), es decir, reconociendo la autoridad de Dios, formal y prácticamente, o está orientado *antropocráticamente* (*anthropos* = hombre), es decir, el hombre presuntamente autónomo se gobierna a sí mismo, para su propia gloria. Así, la teocracia y la democracia no son opuestos. Por el contrario, una democracia teocrática, es decir, orientada teocráticamente, es bastante concebible y, en la era actual, para muchos cristianos, incluso deseable. Esta es una democracia que está gobernada por una actitud teocrática, es decir, por el reconocimiento de que Dios está a cargo y por la sumisión a su Palabra.

En el sentido en que lo he circunscrito aquí, los términos "teocracia" y "Reino de Dios" son casi intercambiables. La única diferencia es que la teocracia es una referencia muy general al gobierno universal de Dios, en la que falta la dimensión histórico-escatológica que es tan característica del término "Reino de Dios". Este último no se refiere sólo al dominio general de Dios, sino también a la manera en que Dios avanza hacia el "fin de la era", el tiempo cuando todos los enemigos serán puestos como estrado de los pies de Cristo (Heb. 1:13), el "mundo venidero", que será puesto bajo los pies del Hijo del Hombre (Heb. 2:5-8), el progreso del dominio de Cristo hasta que Dios sea "todo en todos" (1 Cor. 15:24-28). Los cristianos que creen en la Biblia tienen muchas opiniones diferentes sobre la escatología; estas diferencias no nos conciernen ahora. Lo único que importa en este momento es que todos están de acuerdo en este carácter escatológico del Reino de Dios.

Por supuesto, no queremos hablar ingenuamente de una "democracia teocrática", es decir, una democracia con una actitud teocrática, o dirigida por normas teocráticas. Nos damos cuenta de que la democracia actual es en gran medida un producto del humanismo de la Ilustración. Por lo tanto, podría surgir la pregunta de si una estructura estatal típicamente humanista *a priori* alberga la posibilidad de asumir alguna vez una orientación teocrática. La respuesta es que sólo en el siglo XIX, la democracia occidental moderna adquirió su forma típicamente humanista. Antes de ese tiempo, el pensamiento cristiano dejó una marca en el desarrollo de la democracia que fue al menos tan grande como la del humanismo.

Además, las raíces más antiguas de la democracia ya se encontraban en la estructura social de las antiguas naciones germánicas, con sus ideas de libertad personal y derechos personales. Tenían sus reuniones públicas locales y representativas de hombres libres, que ya antes del Renacimiento dieron lugar al parlamento inglés. También elegían a sus propios reyes, una costumbre que durante siglos se mantuvo en la elección del emperador alemán, aunque también conocían reyes hereditarios.

Soberanía popular

El elemento más humanista en el pensamiento democrático moderno es la noción de "soberanía popular" o "soberanía del pueblo". Es decir, la autoridad más alta en la sociedad es "nosotros, el pueblo". No es de extrañar que muchos crean en un contraste entre teocracia y democracia debido al significado engañoso de la propia democracia. Si la teocracia significa que Dios (*theos*) está a cargo, entonces la democracia significa que el pueblo (*demos*) está a cargo. Históricamente hablando, el término *democracia* ciertamente tiene este trasfondo. Sin embargo, eso no significa que el cristiano que es partidario de la democracia sea necesariamente un adherente de la noción de soberanía popular. Por el contrario, podemos definitivamente dar un contenido cristiano al término *democracia*, al mismo tiempo rechazando firmemente la noción de soberanía del pueblo. El pueblo no es soberano, ni tampoco lo es ningún consejo de ministros.

Incluso la soberanía de un "soberano" es sólo soberanía derivada. El hecho de que el parlamento sea elegido por el pueblo no convierte a los votantes en gobernantes o autoridades; por el contrario, los votantes siempre permanecen *bajo* autoridad. La autoridad del gobierno y el derecho a votar no son en absoluto lo mismo. El derecho a votar es sólo el derecho a colocar a ciertas personas en una posición de autoridad, y luego a evaluar cómo han desempeñado su trabajo. El derecho a votar no es el derecho a ejercer autoridad, el derecho a gobernar.

Además, como dije, incluso la autoridad más alta de aquellos en autoridad es a lo sumo una autoridad derivada. El Señor Dios es el único Soberano absoluto reconocido por el cristiano. Él gobierna sobre nuestras vidas personales, así como sobre las relaciones sociales en las que participamos. Él gobierna a través de las autoridades que pertenecen a cada relación social: a través de las autoridades estatales y municipales, a través de ancianos y obispos, a través de padres y directores, etcétera. Estas autoridades nunca son soberanas por sí mismas porque sólo tienen autoridad derivada. Sólo el Señor es soberano.

El Dios que designa autoridades lo hace a través de las relaciones históricas en las que viven las personas. En otras palabras, lo hace *providencialmente*. La designación divina es trascendente, pero se realiza de manera inmanente: las autoridades surgen de circunstancias históricas. Surgen de guerras tribales, de revoluciones, de luchas internas por el poder, de conquistas, de matrimonios políticos, de elecciones aristocráticas o democráticas. Pero, sea cual sea la forma en que hayan llegado al poder, como cuestión de principio estas autoridades deben ser aceptadas como designadas por Dios, como siervos de Dios (Rom. 13:1, 4). Esto es así incluso si guerras tribales, revoluciones y similares presuponen la maldad del hombre natural. Por cierto, esta maldad es la razón misma por la cual la democracia es la "menos mala" de todas las formas políticas: es el sistema político que ofrece la mejor garantía de que ningún grupo tendrá todo el poder en sus manos, sino que todos se escucharán entre sí, todos estarán obligados a trabajar juntos y todos los grupos de interés se mantendrán en equilibrio.

Aristocracia

Si llamo a la democracia la forma política "menos mala," esto debe entenderse de manera correcta. Al igual que el término "la mejor" no implica necesariamente "bueno" (lo mejor de unas pocas cosas malas sigue siendo malo), el término "la menos mala" no implica necesariamente "malo." Por lo tanto, podría haber dicho que la democracia es "la mejor forma política"; al menos, ese es el tipo de democracia que se encuentra en países con un cierto nivel de civilización, suficiente diferenciación social, madurez individual, suficiente responsabilidad por la herencia cultural de las personas, etcétera.

Entonces, ¿por qué prefiero el término "menos mala"? En esta expresión continúa resonando el sueño de que, a primera vista, una aristocracia siempre es más atractiva. Es decir, un gobierno de magistrados que no llegaron al poder por su ambición personal o su popularidad, o por el interés político de una mayoría del pueblo, sino puramente porque son los mejores, los más sabios, los más inteligentes, los más expertos y especialmente los más desinteresados.

¡Qué maravilloso sería eso! Sería un gobierno que no gobierna por la gracia de su electorado, cuyos líderes no siempre tienen en mente la próxima elección. Al contrario, es un gobierno que puede hacer lo mejor para su pueblo, no sólo lo que tiene suficiente apoyo político, lo que es políticamente alcanzable. Este gobierno ideal no vive de ideologías, y no se tambalea en confusión cuando las ideologías son desacreditadas por todas partes, sino que está elevado por encima de los caprichos de todas las ideologías.

Por desgracia, tal aristocracia no existe. Al final, toda supuesta aristocracia lleva a la tiranía y al terror. Todos los Napoleones y Hitlers, que, como se dice, "hicieron tanto bien para su propio pueblo", terminaron como prefiguraciones del Anticristo. La verdadera aristocracia se encuentra en la dimensión vertical del Reino de Dios; es decir, en el dominio del *aristos*, el optimate. Mientras el Mesías no haya regresado, la democracia siempre es la forma política horizontal que se prefiere mucho más que cualquier apariencia de aristocracia. O, para ponerlo de manera un poco diferente, bajo las circunstancias actuales, la democracia orientada teocráticamente es una forma de aristocracia: un gobierno de los optimates, aunque a través de instrumentos humanos defectuosos.

Incluso un "gobierno de unidad nacional," que a veces encontramos en países con muchos partidos políticos diferentes, debe reservarse para situaciones de emergencia, porque opera sin el contrapeso saludable de una "oposición". Tal equilibrio de fuerzas pertenece a la esencia misma de una democracia; es la mejor garantía de armonía y estabilidad. A lo largo de los siglos, los cristianos nunca han disfrutado de una vida más "pacífica y tranquila" (1 Tim. 2:2) que en países verdaderamente gobernados democráticamente. Pero repito: desde un punto de vista cristiano, la democracia nunca implica soberanía popular. Esta última noción implica que las autoridades son una especie de "empleados" del pueblo (el "empleador"), algo así como el rey Saúl, que dijo, "Temí al pueblo y obedecí su voz" (1 Sam. 15:24). Idealmente hablando, las autoridades no son empleadas por el pueblo, sino por Dios. Antes que nada, están vinculadas a los mandamientos del Reino de Dios.

En este sentido, *cada* democracia es necesariamente una democracia teocrática porque en cada Estado, cualquiera que sea su forma política (su *estructura*), el Señor reina, ya sea que la mayoría de los ciudadanos lo reconozcan o no (su *dirección*). La teocracia no es un tipo de ideal de Dios que deba ser realizado por sus hijos creyentes, así como el Reino de Dios no es un tipo de ideal que será realizado sólo en la segunda venida de Cristo. Ya ahora, el Reino de Dios está "avanzando con fuerza," es decir, en todos los lugares donde las personas y las relaciones sociales se ponen explícitamente bajo el dominio de Cristo y su Palabra. Por supuesto, hoy el pecado aún reina en esta tierra (Rom. 6:12), y Satanás sigue siendo el dios de este mundo (2 Cor. 4:4). Pero eso no altera el hecho de que el Reino de Dios está "avanzando con fuerza." Detrás de las escenas, es Dios quien reina. Incluso el pecado y la obra de Satanás sólo pueden ocurrir bajo el permiso de Dios; queriéndolo o no, son instrumentos en su mano.

El Israel antiguo

No sería correcto, creo, decir que la teocracia es un ideal que se realizó mejor en el Israel del Antiguo Testamento que en nuestras democracias actuales. Hago esta afirmación porque el Señor puede reinar igual de bien a través de un monarca absoluto débil y pecador (David, Salomón, etc.) como a través de un gobierno débil y pecador en una democracia actual. Las diferencias más importantes con el Israel antiguo no se encuentran en la forma política como tal —monarquía absoluta frente a una democracia parlamentaria (como en el Reino Unido y Canadá) o una democracia presidencial (como en Francia y Estados Unidos)— sino en varios otros puntos.

1. Los monarcas en el Israel antiguo, al menos los de la casa de David, fueron designados directamente por Dios, a través de profetas que recibieron y declararon su voluntad. Piensa en el profeta Samuel, que ungió a Saúl (1 Sam. 10:1), y más tarde a David (16:13). Todos los siguientes reyes de Judá surgieron de la casa de David como un "automatismo" hereditario, pero, incluso entonces, los líderes espirituales a veces expresaban directamente la voluntad de Dios con respecto a la elección del rey (por ejemplo, 2 Reyes 11).

2. Una diferencia práctica se encuentra, no en la estructura, sino en la dirección: de la casa de Judá surgieron varios reyes que "hicieron lo correcto a los ojos del Señor" (1 Reyes 15:5, 11; 22:43; 2 Reyes 12:2; 14:3; 15:3, 34; 18:3; 22:2), aunque al final todos fracasaron gravemente. Sin embargo, en nuestras democracias modernas, sólo ha habido unos pocos gobiernos que buscaron pública y seriamente la voluntad del Señor, y así encarnaron la noción de una democracia orientada teocráticamente.

3. Israel tenía una posición muy especial como pueblo en una relación de pacto con Dios. Por lo tanto, como nación estaba llamada a mantener toda idolatría y falsa religión fuera de sus fronteras nacionales. En *ese* tiempo, esa era una tarea del Estado porque involucraba un interés nacional; en otras palabras, era una cuestión de justicia pública. Hoy, sin

embargo, ninguna nación *como tal* está en una relación de pacto con Dios (dejo fuera de consideración al Israel étnico actual o al Estado moderno de Israel; eso es un asunto para los teólogos). Al contrario, Dios está reuniendo un pueblo para sí de *todas las naciones* (Hechos 15:14; cf. Rom. 9:24-25; Tito 2:14; 1 Pe. 2:9). (Digo esto a pesar del famoso lema reformado, "Dios, Países Bajos y Orange," que era el nombre de clubes electorales liderados por Groen van Prinsterer en el siglo XIX). Por lo tanto, expulsar la falsa religión y la idolatría ya no es una cuestión de justicia pública, y así no es tarea del Estado (ver abajo).

Es una tarea de la iglesia, sin embargo, hacer esto. Sin embargo, sólo tiene un arma a su disposición: no la espada literal, sino la espada del Espíritu, es decir, la Palabra de Dios (Efe. 6:17). Donde se supone un vínculo estrecho entre la iglesia cristiana y el Estado supuestamente cristiano, han surgido nociones como una "iglesia nacional" (*Volkskirche* alemana; en holandés: *volkskerk*) o una "nación bautizada" (Philippus J. Hoedemaker: *gedoopte natie*), nociones con las que tengo grandes dificultades, tanto teológicamente como políticamente.

La comparación con la monarquía dada por Dios en el Israel antiguo no implica una condena de la democracia como forma política, como no siendo dada por Dios. No es la *estructura* lo que debe condenarse, sino la *dirección* del corazón humano, que debería dar forma a la democracia de manera teocrática. ¿Qué responde más al ideal de Dios: la Judá monárquica absoluta bajo, por ejemplo, el malvado rey Acaz, formalmente designado por Dios (2 Reyes 16; 2 Cron. 28), o una democracia dirigida por un gobierno creyente en la Biblia? ¿En cuál de los dos se manifiesta más claramente el Reino de Dios? Lo contrario también es cierto: un Estado no es bueno porque sea democrático, sino porque cumple bien con su tarea dada por Dios, es decir, la tarea de mantener la justicia pública tal como Dios la concibió (incluso si el gobierno de ese Estado no reconoce formalmente o públicamente a Dios).

Desde el punto de vista de la *estructura*, la democracia es mejor que cualquier otra forma política. Desde el punto de vista de la *dirección*, el mejor Estado es aquel que honra a Dios, independientemente de su forma política. Pero, repito, objetivamente hablando, incluso un Estado, sea cual sea su forma política, que deshonre explícitamente a Dios es fundamentalmente teocrático porque, incluso en tal Estado, Dios es y sigue siendo el soberano detrás de escena. La teocracia es ambas cosas: es una cuestión principal (objetiva): el Señor reina, cualquiera que sea la actitud de un gobierno. También es una cuestión ideal (subjetiva): el ideal teocrático se manifiesta en un Estado, cualquiera que sea su forma política, que honra a Dios y guarda sus mandamientos. En tal Estado, vemos destellos del Reino de Dios.

¿Eclesiocracia?

Algunas personas han sugerido que una supuesta forma política teocrática implica que la iglesia tenga supremacía sobre el Estado. Esto, nuevamente, es una confusión entre estructura y dirección. El error subyacente generalmente es que, de alguna manera, la iglesia se considera más cercana al Reino de Dios que cualquier otra relación social. El error básico aquí es la confusión entre la Iglesia como el Cuerpo eterno-trascendente de Cristo (por ejemplo, Efe. 1-3) y la iglesia en su forma histórico-inmanente como una "denominación", o un conjunto de "denominaciones", en la tierra. En esta forma histórico-inmanente, "la" iglesia—más correctamente, una cierta denominación de iglesia, o una congregación local de iglesia—es una relación social entre muchas otras.

La importancia práctica de esta distinción entre la iglesia y el Reino de Dios se puede explicar fácilmente. sólo pregúntate: ¿Se manifiesta el Reino de Dios en una cierta denominación de iglesia, o en una congregación local de iglesia, de una manera mejor, más alta, más clara que en cualquier otra relación social? ¿No se manifiesta el Reino de Dios más gloriosamente en muchos matrimonios cristianos, familias, escuelas, empresas, asociaciones y partidos políticos, que en ciertas denominaciones de iglesia (en retroceso)? A veces, las iglesias albergan males que en otras relaciones sociales ni siquiera serían tolerados (cf. 1 Cor. 5:1). Por supuesto, para mí, una congregación local de iglesia, debido a su naturaleza estructural, tiene más sustancia espiritual que, por ejemplo, un club deportivo local o un sindicato. Pero también sé que algunas de estas últimas asociaciones cuidan mejor a su gente que ciertas congregaciones de iglesia. De ninguna manera se nos permite colocar "la iglesia"; es decir, una cierta denominación de iglesia, o una congregación local de iglesia, por encima de cualquiera de las otras relaciones o comunidades sociales.

Donde "la iglesia", o un cuerpo de líderes espirituales musulmanes, por ejemplo, como en Irán, tiene la supremacía sobre el Estado, la democracia es reemplazada por lo que podríamos llamar una "eclesiocracia". Este es un Estado gobernado por una cierta denominación de iglesia (generalmente una "iglesia estatal", o una "iglesia nacional"), o gobernado por cualquier otro cuerpo religioso, como un grupo de *aya-*

tolas. Sin embargo, ten en cuenta que tanto la democracia como la eclesiocracia tienen que ver con la estructura, no con la dirección. Es decir, en un Estado dominado por alguna denominación de iglesia (como con una "iglesia estatal"), el Reino de Dios no se manifiesta automáticamente de manera más clara que, por ejemplo, en una democracia. La razón es que la manifestación del Reino de Dios es una cuestión de dirección, no de estructura.

No es difícil entender esto: en principio, una democracia puede estar muy bien orientada teocráticamente, de la manera que he descrito, mientras que una eclesiocracia puede estar muy bien orientada antropocráticamente por líderes de iglesia (u otros religiosos) gobernando el Estado de manera arbitraria, para su propia honra, sin respetar de hecho la Palabra de Dios y el dominio de Cristo.

Por lo tanto, una eclesiocracia en sí misma no necesariamente hace que el Estado sea más teocrático que, por ejemplo, una democracia. La razón es que todo el asunto de la teocracia no tiene nada que ver con la forma política del Estado como tal. La teocracia tiene que ver con la actitud de los corazones humanos. En otras palabras, la cuestión de si, por ejemplo, una democracia es más deseable que una eclesiocracia, no tiene que ver con la teocracia, sino con la comprensión de las ordenanzas de Dios para la sociedad.

En cierto sentido, una eclesiocracia, por definición, no sería muy teocrática porque sería una negación de las mismas ordenanzas de Dios para la sociedad, es decir, aquellas que implican oficios y responsabilidades distintas. Quiero decir, la iglesia predica la justificación por la fe, pero no es responsable de mantener la justicia pública. Lo primero es parte de la tarea de la iglesia, lo segundo no. Mantener la justicia pública es responsabilidad del Estado. Los líderes de la iglesia no deben ser confundidos con los líderes del Estado.

Confesión Belga, Artículo 36

Nuestras consideraciones hasta este punto tienen implicaciones interesantes con respecto al Artículo 36 de la Confesión Confesión Belga (1561), escrito por el teólogo valón Guido de Brès, quien murió como mártir en 1567. Esta Confesión ha sido aceptada formalmente por las iglesias reformadas en todo el mundo. En la versión original del Artículo 36, leemos que el oficio de la magistratura es, entre otras cosas, "remover y prevenir toda idolatría y culto falso". Algunas personas han sentido que retener estas palabras reflejaría una visión más teocrática del Estado que omitir estas palabras. En mi opinión, esto es un error. *No* sería teocrático en absoluto si el Estado (ab)usara su poder de la espada para "remover y prevenir toda idolatría y culto falso". Esto sería incorrecto en principio y en práctica.

Es incorrecto en principio, porque el Estado iría más allá de su autoridad si fuera más allá del estricto dominio de la justicia pública y entrara en el ámbito de las creencias personales de los individuos y el dominio interno de las comunidades religiosas. Tal Estado sería desobediente a las ordenanzas divinas y, por lo tanto, de hecho no mostraría una actitud teocrática en absoluto. *No* es el deber ni la autoridad del Estado cristianizar a toda la sociedad, incluso si pudiera hacerlo.

También en la práctica, la redacción original del Artículo 36 debe ser rechazada. Esto se debe a que, si estas palabras se retuvieran, cualquier subcomunidad cristiana de creyentes tendría que temer que, algún día, un cierto gobierno, probablemente liderado por alguna "iglesia estatal" o guiado por alguna "religión estatal", juzgaría que *sus* puntos de vista representan "idolatría y culto falso" y que, por lo tanto, *deberían* ser expulsados. ¡Ningún grupo religioso estaría seguro!

Por esta razón, las iglesias reformadas protestantes en América han añadido la siguiente nota a las palabras citadas del Artículo 36: "Esta frase, que toca el oficio de la magistratura en su relación con la Iglesia, procede sobre el principio de la Iglesia Establecida, que fue aplicada por primera vez por Constantino y posteriormente también en muchos países protestantes. Sin embargo, la historia no apoya el principio de la dominación del Estado sobre la Iglesia, sino más bien la separación de Iglesia y Estado. Además, es contrario a la Nueva Dispensación que la autoridad sea otorgada al Estado para reformar arbitrariamente la Iglesia, y para negar a la Iglesia el derecho de conducir sus propios asuntos de manera independiente como un territorio distinto junto al Estado. El Nuevo Testamento no sujeta a la Iglesia Cristiana a la autoridad del Estado, para que sea gobernada y extendida por medidas políticas, sino sólo a nuestro Señor y Rey como un territorio independiente junto y completamente independiente del Estado, para que sea gobernada y edificada por sus oficiales y con armas espirituales solamente. Prácticamente todas las iglesias reformadas han repudiado la idea de la Iglesia Establecida, y están defendiendo la autonomía de las iglesias y la libertad personal de conciencia en asuntos relacionados con el servicio a Dios".

Esta es también la razón por la cual el Artículo 36 de la Confesión Confesión Belga fue debatido varias veces en la historia de la Iglesia Cristiana Reformada en América del

Norte (en 1910, 1938 y 1958). En 1958, se añadió la siguiente nota: "En el texto original, esta frase decía lo siguiente: 'Su oficio no es sólo tener cuidado y velar por el bienestar del Estado civil, sino también que protejan el ministerio sagrado, y así puedan remover y prevenir toda idolatría y culto falso, para que el reino del anticristo sea destruido y el reino de Cristo promovido'. El Sínodo de la Iglesia Cristiana Reformada de 1910, reconociendo la enseñanza no bíblica, contenida en esta frase, sobre la libertad de religión y sobre el deber del Estado de suprimir la religión falsa, consideró adecuado añadir una nota explicativa. El Sínodo de la Iglesia Cristiana Reformada de 1938, de acuerdo con el Sínodo de la Iglesia Cristiana Reformada de 1910 en cuanto al carácter no bíblico de la enseñanza mencionada, pero reconociendo un conflicto entre las cláusulas objetables en el Artículo y su nota al pie, decidió eliminar la nota al pie y hacer el cambio en el texto del Artículo que aparece arriba, correspondiendo al cambio adoptado en 1905 por el Sínodo General de las 'Gereformeerde Kerken in Nederland'. El Sínodo de la Iglesia Cristiana Reformada de 1958 aprobó la siguiente declaración sustituta, que ha sido remitida a otras iglesias reformadas que aceptan la Confesión Confesión Belga como su credo para evaluación y reacción: 'Y siendo llamados de esta manera a contribuir al avance de una sociedad que agrada a Dios, los gobernantes civiles tienen la tarea, en sujeción a la ley de Dios, mientras se abstienen completamente de toda tendencia hacia el ejercicio de autoridad absoluta, y mientras funcionan en la esfera que se les ha confiado y con los medios que les pertenecen, de remover todo obstáculo a la predicación del evangelio y a todo aspecto del culto divino, para que la Palabra de Dios pueda tener libre curso, el reino de Jesucristo pueda progresar, y todo poder anticristiano sea resistido' ".

Es interesante que ambas notas complementarias se refieran casi explícitamente a la noción de soberanía de las esferas, tal como fue formulada originalmente por Abraham Kuyper, y con razón.

Preguntas de Revisión

1. A la luz de este capítulo, ¿cómo definirías la *teocracia*?

2. ¿Puedes explicar cómo es posible defender tanto la teocracia como la democracia?

3. Define "soberanía popular" y explica cómo un cristiano puede defender la democracia y rechazar la soberanía popular.

4. Explica por qué los cristianos deben defender la *teocracia* en términos de dirección, pero no en términos de *estructura*.

5. ¿En qué sentido es deseable una "aristocracia" y en qué sentido no lo es?

6. ¿Qué diferencias ves entre la forma política del antiguo Israel y las formas políticas actuales?

7. ¿Por qué es preferible una democracia con una orientación teocrática a una eclesiocracia?

8. Explica por qué fue necesaria la revisión del Artículo 36 de la Confesión Belga.

CAPÍTULO V

EXTRANJEROS Y PEREGRINOS

En el Antiguo Testamento, Dios le dijo al pueblo de Israel: "La tierra es mía, porque ustedes son extranjeros y peregrinos conmigo" (Lev. 25:23; cf. 1 Crón. 29:15; Sal. 39:13). El apóstol Pablo les dice a los cristianos gentiles: "Ya no sois extranjeros ni advenedizos" (Ef. 2:19, nota de la ESV), pero esto era lo que eran en relación con los creyentes de Israel. Al mismo tiempo, es correcto lo que dice Pedro: "Amados, os ruego como a extranjeros y peregrinos que os abstengáis de los deseos carnales que combaten contra el alma" (1 Pe. 2:11; cf. 1:1, "A los elegidos extranjeros de la dispersión...."). Y la epístola a los Hebreos presenta a los creyentes el ejemplo de los patriarcas, quienes reconocieron "que eran extranjeros y peregrinos sobre la tierra.... Porque los que esto dicen claramente dan a entender que buscan una patria...anhelaban una patria mejor, es decir, la celestial" (Heb. 11:13-16).

El "mundo"

El creyente es un "extranjero", un "peregrino", un "forastero" en la tierra, o, como algunos dirían, un "romero"; es decir, alguien que viaja a través de un país extraño hacia algún lugar sagrado. Esto significa que la persona regenerada y creyente se da cuenta de que se encuentra en medio de un mundo fuertemente dominado por el pecado, Satanás y la muerte, y en contraste con éste. Por naturaleza, el creyente es "extranjero" en este mundo maligno, aunque al mismo tiempo está en medio de este mundo. Se encuentra allí con un llamado que debe cumplir en este mismo mundo. Como "peregrino", está de camino, viajando a través del mundo presente, hacia otro mundo mejor, el santo mundo de Dios y su Cristo.

Puede parecer extraño tratar este concepto cristiano de *peregrinación* en un tratado sobre politología cristiana. Algunos cristianos pietistas han usado esta noción de peregrinación para rechazar la idea de la política cristiana: "no tenemos nada que buscar en este mundo", o para rechazar cualquier participación cristiana en la política. "Los extranjeros no votan en el país donde peregrinan". En mi opinión, lo contrario es cierto: la noción cristiana de ser extranjeros puede ayudarnos a obtener una idea más clara de la posición de los cristianos en la sociedad y de su actitud adecuada hacia la política.

Primero, debemos tener una imagen clara de los significados de la palabra *mundo*. A veces, esta palabra tiene un significado bastante neutral en la Biblia. En estos casos, significa el conjunto de la creación (por ejemplo, Mat. 4:8; Rom. 1:20), o de la humanidad (por ejemplo, Juan 3:16; Mar. 14:9). Pero en muchos casos, la palabra *mundo* tiene un significado negativo: es el sistema del pecado y Satanás (además de los versículos citados anteriormente en el capítulo 3, ver Rom. 3:19; 1 Cor. 3:19; Gal. 1:4; 6:14; 2 Tim. 4:10). Cuando Jesús dice que sus seguidores todavía están "en el mundo" (Juan 17:11), la palabra todavía puede tener un significado más o menos neutral. Pero cuando agrega que no son "del mundo" (vv. 14-16), entonces *mundo* es este ámbito negativo del pecado y Satanás al cual los creyentes no pertenecen.

Es muy importante distinguir entre los dos significados. Los cristianos están "en el mundo", es decir, no sólo viven en el mismo planeta que los malvados, sino que son parte de la misma sociedad. Participan en ella como empleadores y empleados, como compradores y vendedores, como ciudadanos y contribuyentes, participan en el tráfico de calles, en la vida empresarial, en el mundo de la ciencia, en la vida cultural, etc. Todo esto tiene que ver con la estructura de este mundo. Pero *mundo* en el otro sentido negativo tiene que ver con la dirección. En el primer sentido, horizontal, definitivamente *no* somos extranjeros ni peregrinos: podemos estar orgullosos de nuestro país terrenal, podemos estar contentos con el lugar que ocupamos en la sociedad. Podemos participar plenamente en ella y encontrar mucha satisfacción en ella, por lo cual damos gracias al Señor. En el sentido vertical, sin embargo, nos damos cuenta de que *somos* extranjeros y peregrinos: no queremos tener nada que ver con el mundo como el dominio del pecado y Satanás (aunque, desafortunadamente, no siempre podemos evitarlos). Tomando ambas dimensiones juntas, podríamos decir: "No hay nada que temer en la sociedad excepto el pecado y Satanás" (Herman Dooyeweerd).

Separatismo

Es bastante comprensible que, en la historia de la iglesia, la noción de que los cristianos son extranjeros haya llevado a lo que los holandeses llaman *wereldmijding*, es decir, "evitar el mundo" mediante la fuga del mundo, el separatismo y el quietismo. De esta manera, los dos significados de *mundo* fueron totalmente confundidos, es decir, la estructura y la dirección se mezclaron. No hay ningún dominio en este mundo que en sí mismo sea falso, siempre y cuando su dirección sea hacia arriba.

Aquellos que malinterpretaron esto comenzaron a evitar ciertos *dominios* en la sociedad, como si estos dominios en sí mismos fueran falsos: la política, las universidades, los clubes deportivos, los sindicatos, las artes, la música, la ciencia, etcétera. No vieron que cualquiera de estos dominios —sin excepción— podía ser consagrado a Dios o volverse siervo del pecado y Satanás. Ninguno de estos dominios es incorrecto en sí mismo —es sólo su dirección la que puede ser muy falsa. Lo mismo vale para *todos* los dominios sociales, incluyendo el matrimonio, la familia e incluso la iglesia —todos pueden volverse apóstatas. El poder del pecado y Satanás no es, por definición, más fuerte en una relación social que en otra. Si las personas quieren "evitar el mundo" en el sentido que acabo de describir, serían consistentes sólo si se retiraran de *todas* las relaciones y comunidades sociales (cf. 1 Cor. 5:10).

Sin embargo, incluso retirarse a un convento (monasterio, convento de monjas) no ayudaría, porque el convento también es una comunidad social en la que el pecado y Satanás pueden manifestarse. Incluso cualquier denominación de iglesia, o cualquier congregación local, no estaría a salvo porque el pecado y Satanás pueden manifestarse allí no menos que en cualquier otra relación social (cf. las quejas de Cristo contra cinco de las siete iglesias en Apoc. 2 y 3). Esto se debe a que en cada estructura social hay personas que viven en términos de la "carne" (su naturaleza pecaminosa). Cualquiera que quiera retirarse del mundo tendría, por así decirlo, que retirarse de sí mismo, porque el mundo se manifiesta en nuestros propios corazones. No es sólo un enemigo exterior, es un enemigo que encuentra un aliado, una "quinta columna", dentro de nosotros mismos.

Lo mismo ocurre con lo opuesto: el Espíritu Santo se manifiesta principalmente en los corazones y vidas de los creyentes individuales, y posteriormente en las relaciones y comunidades sociales a las que pertenecen estos creyentes. Ninguna relación social es en sí misma mala o mundana, porque cada una de ellas está arraigada en las ordenanzas creadoras de Dios. Por lo tanto, si algunas relaciones sociales fueran malas en sí mismas, tendríamos que culpar a la ley creadora de Dios por estas relaciones. No, no son las estructuras dadas por Dios las que son malas; es sólo su dirección la que puede ser mala debido a las personas pecaminosas que funcionan en ellas. A estas estructuras pertenecen iglesias fieles y dedicadas, así como asociaciones culturales y científicas apóstatas —para decirlo en blanco y negro— del mismo modo que también hay iglesias corruptas y apóstatas, así como asociaciones culturales y científicas dedicadas a Dios. Las estructuras en sí mismas nunca son malas —es su dirección la que puede ser muy mala.

"Sagrado" y "profano"

La asociación de nuestra peregrinación con alguna forma de "evitar el mundo", en el sentido de evitar (partes de) la sociedad o evitar (partes de) la cultura, es *a priori* incorrecta. El error fundamental es vincular lo que es pecaminoso, maligno e impío con ciertas áreas de la vida y la sociedad que deben evitarse. Esto es un vestigio del pensamiento escolástico medieval, en el cual la naturaleza —el supuesto dominio profano— se separa de la gracia, el dominio sagrado. Este error ocurrió en círculos católicos romanos estrictos con sus diversas formas de ascetismo, especialmente en los conventos. Ocurrió en círculos reformados muy conservadores (paleo-reformados) donde casi toda la sociedad parecía tabú y se dejaba al enemigo. Ocurrió en círculos anabaptistas donde, en su forma más extrema, la ciudad alemana de Münster en un momento dado fue el refugio seguro para el pueblo de Dios (1535). Ocurrió en círculos neocalvinistas con su fuerte énfasis en sus propias organizaciones cristianas completamente independientes en cada dominio de la vida. Estas son denominaciones religiosas muy diferentes, pero con un error común: la idea de que hay dominios sagrados y dominios profanos. Para tales cristianos, "No os conforméis a este mundo" (Rom. 12:2) significaba y significa principalmente "Manténganse alejados de las áreas profanas", que van desde la política hasta los teatros.

Toda la distinción entre los dominios sagrados y profanos, como una distinción horizontal entre estructuras, debe ser completamente rechazada. *Cada* relación social, incluso la política y los teatros, puede volverse sagrada si está dedicada a Dios y su Reino. Y *cada* relación social, incluso las iglesias y los clubes bíblicos, puede volverse profana si, consciente o inconscientemente, da la espalda a Dios y su Reino. En principio, hay familias apóstatas y sagradas, iglesias apóstatas y sagradas, Estados apóstatas y sagrados, escuelas apóstatas y sagradas, empresas apóstatas y sagradas, actividades culturales apóstatas y sagradas, universidades apóstatas y sagradas. Digo "en principio", porque muy a menudo estamos tratando con una mezcla de bien y mal. Ningún dominio terrenal es totalmente maligno, y ningún dominio terrenal es totalmente sagrado y seguro.

Con demasiada frecuencia, el camino recorrido por el peregrino creyente en Cristo pasa por áreas muy inseguras y malvadas, con algunas áreas de descanso sagradas en el camino. Pero si su corazón ha sido cautivado por la Palabra y el Espíritu de Dios, éste difundirá luz en cualquiera de las relaciones sociales, sin importar cuán defectuosamente lo haga.

Algunos podrían argumentar aquí que no puede ser cierto que cualquier relación o comunidad social en sí misma podría volverse sagrada. Mencionan el ejemplo de una banda de ladrones, un burdel, o una iglesia de Satanás. ¿No son estas relaciones sociales que en sí mismas son malignas? Mi respuesta es que esta es la pregunta equivocada. Una banda de ladrones y un burdel son, según su estructura legal, empresas lucrativas, y ni el lucro ni las empresas en sí son incorrectos. Sin embargo, en el lado subjetivo (ver capítulo 4 de mi libro "*Sabiduría para los pensadores*" para estos términos), estamos tratando con una realización absolutamente antinormativa de la estructura empresarial, en la que la banda de ladrones vive parasitariamente del octavo mandamiento ("No robarás"), y el burdel del séptimo mandamiento ("No cometerás adulterio", o más generalmente, "fornicación") (Éxodo 20:14-15).

Así, la iglesia de Satanás, también, según su estructura legal, es una iglesia, en el sentido de una comunidad religiosa (si no es en cambio una empresa lucrativa), y no hay nada malo con respecto a esta estructura legal en sí. Sin embargo, con respecto al lado subjetivo, la iglesia de Satanás es la realización más antinormativa de una estructura eclesiástica que uno podría imaginar. Es una rebelión abierta contra el primer mandamiento: "No tendrás dioses ajenos delante de mí" (Éxodo 20:3).

Ciudadanos celestiales

Del argumento anterior, ahora podemos ver fácilmente cómo, en mi opinión, deben entenderse las nociones de peregrinación y exilio, y cómo pueden vincularse con la noción del Reino de Dios. ¿El hecho de que seamos extranjeros, exiliados y peregrinos (1 Pedro 2:11) significa que no tenemos nada que ver con la sociedad terrenal? Anhelar una patria celestial (Hebreos 11:13-16), ¿implica que no queremos tener nada que ver con nuestro país terrenal?

De ninguna manera, y puedo demostrarlo fácilmente. Pedro deja claro que nuestro ser extranjeros *no* implica que ya no tengamos nada que ver con la tierra. Al contrario, nos da varias exhortaciones sobre las relaciones o comunidades terrenales a las que ciertamente pertenecemos: el Estado (vv. 13-17), el trabajo (vv. 18-25), el matrimonio (3:1-7). Nuestra peregrinación y exilio no implican que nos abstengamos de la política, del negocio, del matrimonio, sino que "nos abstengamos de los deseos pecaminosos". No la política, no el negocio, no el matrimonio, las estructuras en sí, son incorrectas, sino todos los "deseos pecaminosos" en la política, el negocio y el matrimonio. Las estructuras no son incorrectas, pero la dirección apóstata dentro de estas estructuras, o dentro de la vida individual, es incorrecta. Esta realidad se aplica tanto a los no creyentes como a los creyentes cuyas vidas e impulsos están ocupados con estas estructuras. Todos los que pierden de vista la dimensión vertical están olvidando su peregrinación y caen presa de "deseos pecaminosos".

Asimismo, la patria celestial en Hebreos 11 no se contrasta con la patria terrenal, como si ya no tuviéramos nada que ver con esta última. Abraham, Isaac y Jacob eran extranjeros y peregrinos en Canaán, pero estaban muy involucrados con los asuntos del país en el que vivían. Nosotros también participamos en todo tipo de relaciones terrenales, pero nuestras vidas en ellas, y las tareas y responsabilidades que tenemos dentro de ellas, están gobernadas por nuestro anhelo de la patria celestial.

Esto puede ayudarnos a entender Filipenses 3:20, "nuestra ciudadanía está en los cielos", es decir, somos ciudadanos del cielo; poseemos una ciudadanía celestial. Ser extranjeros así como ser ciudadanos son dos caras de la misma moneda: extranjeros aquí abajo, ciudadanos allá arriba. Sin embargo, aún no *estamos* allá arriba. Nuestra *posición* actual está allí, en Cristo (Efesios 2:6), nuestra vida actual está allí, escondida con Cristo en Dios (Colosenses 3:3), pero *personalmente* todavía estamos en la tierra, con todos los oficios, tareas y responsabilidades concomitantes.

Esta tierra, no el cielo, es el dominio mismo del Reino de Dios. Por supuesto, en el evangelio según Mateo este reino suele llamarse el "Reino de los cielos", pero esto nunca pretende ser un reino *en* el cielo. Aquí la palabra cielo no es más que un eufemismo para "Dios" (cf. Lucas 15:21, "pequé contra el cielo"; Mateo 5:34, "jurando por el cielo"). El "Reino de los cielos" es un reino en el que "el cielo", es decir, Cristo, reina sobre la tierra. Comparen aquí lo que Daniel le dijo a Nabucodonosor, "el cielo gobierna", es decir, el Dios Altísimo gobierna sobre la tierra (Daniel 4:26). Los creyentes vivos son ciudadanos de un reino "celestial" *en la tierra*.

La ciudadanía celestial de los cristianos no es sólo algo que esperamos, como algo que se realizará en la muerte, o en la segunda venida de Cristo. Más bien, es algo que debe realizarse aquí y ahora, en todas las relaciones sociales a las que pertenecen los cristianos. Los cristianos tienen el llamado de demostrar en todas las relaciones terrenales la forma en que los ciudadanos celestiales se comportan en ellas. ¿Qué tipo de maridos y esposas, padres e hijos, autoridades civiles y ciudadanos, líderes eclesiásticos y miembros de la iglesia, administradores, maestros y alumnos, empleadores y empleados, etcétera, son ciudadanos celestiales? ¿Cómo se comportan las personas *celestiales* en tales relaciones *terrenales*? Esa manera es diferente a la de los "habitantes de la tierra", es decir, las personas que no sólo viven en esta tierra, sino que encuentran toda su existencia allí, aferrándose a ella porque no tienen nada más (cf. Apoc. 3:10; 6:10; 8:13; 11:10; 13:8-14; 14:6).

Lo que dice el apóstol Pablo sobre los esclavos creyentes básicamente puede decirse de todos los creyentes: en la forma celestial en que se comportan en todas sus relaciones y comunidades terrenales "adornan la doctrina de nuestro Dios y Salvador en todas las cosas" (Tito 2:10).

Los cristianos filipenses entendieron muy bien la imagen de Pablo porque vivían en Filipos, que en ese momento tenía el estatus de colonia romana. Esto significaba que sus habitantes eran considerados ciudadanos de Roma, aunque vivían en Filipos, lejos de Roma. Como ciudadanos de Roma, los habitantes debían enorgullecerse de mostrar a todo el entorno macedonio cómo vive y trabaja un ciudadano romano en Macedonia. De manera similar, esta tierra es la "colonia" donde los ciudadanos celestiales deben mostrar a sus vecinos cómo vive y trabaja un ciudadano celestial en esta tierra.

Encontramos imágenes paralelas en las epístolas a los Efesios y a los Colosenses. Vimos que estas epístolas enfatizan que nuestra posición actual, nuestra vida actual, existe en y con Cristo en el cielo. Pero esto no significa que estas epístolas nos animen a caminar con nuestras cabezas en las nubes. Al contrario, en la segunda mitad de ambas epístolas, nuestros pies están firmemente plantados en el suelo al mostrarnos cómo un ciudadano celestial glorifica a Dios y sirve a su prójimo en relaciones terrenales tan concretas como la congregación local, el matrimonio, la familia y el trabajo (Efesios 4:17–6:9; Colosenses 3:9–4:1). Por lo tanto, el cristiano no sólo es un ciudadano celestial, sino también un ciudadano del Reino de Dios, y eso es en la tierra. (Incluso me pregunto si estas dos cosas no son básicamente lo mismo). El creyente disfruta de su posición en los reinos celestiales en Cristo (Efesios 2:6), pero también posee su "herencia en el reino de Cristo y Dios" (5:5). La vida del creyente está "escondida con Cristo en Dios" (Colosenses 3:3), pero también ha sido "trasladado...al reino de su [es decir, del Padre] amado Hijo" (1:13), y ha sido hecho un colaborador para el Reino de Dios (cf. 4:11).

Verdadera vida

Ciudadanos celestiales en la tierra, ¿dónde ponemos el énfasis, en lo *celestial* o en lo *terrenal*? Podemos argumentar que, aunque somos ciudadanos celestiales, esto debe hacerse visible en nuestras relaciones terrenales. Entonces el énfasis está en nuestro funcionamiento terrenal. También podríamos argumentar que, aunque tenemos todo tipo de oficios

y responsabilidades terrenales, no debemos perder de vista
la dimensión vertical: nuestra *verdadera vida* está con Cristo
en Dios. Si ponemos el énfasis de esta manera, hay menos
posibilidad de que consideremos la tierra como una "ciudad
duradera" (Hebreos 13:14). Estamos buscando "la ciudad
que está por venir". Somos extranjeros y peregrinos como
Abraham, quien (negativamente) no sólo se sentía extranjero en su entorno, sino que (positivamente) esperaba la
"ciudad con cimientos, cuyo arquitecto y constructor es Dios"
(Hebreos 11:10). Recuerden: para cada extranjero hay un
lugar donde *no* es extranjero: *el hogar.*

La fe siempre tiene estas dos dimensiones, la anticipativa,
mirando hacia adelante, y la vertical, mirando hacia arriba.
Encuentras ambas en Hebreos 11:1. La fe es "la certeza
de lo que se espera", como se demuestra en los patriarcas:
esperaban lo que Dios había preparado para ellos y un día
les daría. Pero la fe también es "la convicción de lo que no
se ve". Es decir, ser extranjero implica no sólo peregrinación,
estar "en camino" hacia la ciudad que está por venir, sino
también "ver al que es invisible" (v. 27); es decir, *ahora mismo.*
La fe es una comunión con Dios *ahora*, una vida escondida
con Cristo en Dios *ahora*, la "amistad" del Señor para "los que
le temen" *ahora* (Salmo 25:14).

Para el creyente, siempre hay más, ya ahora, que todos los
oficios y responsabilidades terrenales juntos. El Nuevo Testamento nunca habla negativamente de las cosas terrenales
como tales. Al contrario, "todo lo creado por Dios es bueno,
y nada es de desecharse si se toma con acción de gracias,
porque por la palabra de Dios y la oración es santificado" (1
Timoteo 4:4-5). Pero lo que el Nuevo Testamento advierte
es no *estar preocupados* con las cosas terrenales (cf. Filipenses

3:19), de modo que la dimensión vertical se pierda. "Si habéis, pues, resucitado con Cristo, buscad las cosas de arriba, donde está Cristo sentado a la diestra de Dios. Poned la mira en las cosas de arriba, no *en las de la tierra*" (Colosenses 3:1-2; énfasis añadido). "Porque muchos... andan como enemigos de la cruz de Cristo. Su fin es la perdición, su dios es el vientre, y se glorían en su vergüenza, con la mente puesta en *las cosas terrenales*" (Filipenses 3:18-19; énfasis añadido). Después de esto, encontramos en Colosenses 3 y Filipenses 3 los versículos ya citados.

Esta dimensión ascendente es lo que el Rey explicó a sus discípulos en el Sermón del Monte: "No os hagáis tesoros en la tierra, donde la polilla y el óxido corroen y donde los ladrones irrumpen y roban, sino hacéos tesoros en el cielo, donde ni la polilla ni el óxido corroen y donde los ladrones no irrumpen ni roban. Porque donde esté tu tesoro, allí estará también tu corazón" (Mateo 6:19-21). Y justo antes de aparecer a tres de sus discípulos en gloria real, como una imagen del Reino venidero (Mateo 17), dijo: "Si alguno quiere venir en pos de mí, niéguese a sí mismo, tome su cruz y sígame. Porque todo el que quiera salvar su vida, la perderá; y todo el que pierda su vida por causa de mí, la hallará. Porque, ¿de qué le aprovechará al hombre si gana todo el mundo y pierde su alma? ¿O qué dará el hombre a cambio de su alma? Porque el Hijo del Hombre vendrá en la gloria de su Padre con sus ángeles, y entonces recompensará a cada uno según su obra" (16:24-27).

En 1 Timoteo 6, Pablo dirige sus reproches, no a los que son ricos, sino a los que *quieren* ser ricos, porque "caen en tentación y lazo, y en muchos deseos insensatos y dañosos que hunden a los hombres en la ruina y la destrucción" (v. 9).

A "los ricos en este siglo" la advertencia es "no ser altivos, ni poner su esperanza en la incertidumbre de las riquezas, sino en Dios, que nos da abundantemente todas las cosas para que las disfrutemos". Pero también, "que hagan bien, que sean ricos en buenas obras, dadivosos, generosos, atesorando para sí buen fundamento para el futuro, que echen mano de *la vida eterna*" (vv. 17-19).

Esto es lo que importa: no "amontonar cosas para nosotros mismos" sino ser "ricos para con Dios" (Lucas 12:21 NVI). Esto nos lleva de vuelta al Reino de Dios porque el último texto continúa: "[N]o os preocupéis por vuestra vida, qué comeréis, ni por vuestro cuerpo, qué vestiréis [las cosas terrenales, WJO]…[N]o os preocupéis por qué comeréis o qué beberéis, ni estéis ansiosos. Porque todas las naciones del mundo buscan estas cosas, y vuestro Padre sabe que las necesitáis. En cambio, buscad su reino, y estas cosas os serán añadidas" (vv. 22, 29-31). ¡*Primero lo primero*!

Sufrimiento

Todo aquel que, como extranjero, peregrino, ciudadano celestial, como alguien que pone su mente en las cosas de arriba, funcione de esta manera en todas las relaciones terrenales en las que ha sido colocado, experimentará sufrimiento. Estos son los efectos de la constante tensión entre la ciudadanía celestial del creyente y sus asuntos terrenales. En la era presente, el Reino de Dios se realiza en un mundo que aún está impregnado de pecado, muerte y Satanás. Como consecuencia, todo discípulo del Reino tendrá que esperar "el oprobio de Cristo" (Heb. 11:26). Por lo tanto, justo al comienzo de su llamada "Constitución del Reino", el Maestro dice: "Bienaventurados los que padecen persecución por causa de la justicia, porque de ellos es el reino de los cielos. Bienaventurados sois cuando por mi causa os vituperen y os persigan, y digan toda clase de mal contra vosotros, mintiendo. Gozaos y alegraos, porque vuestro galardón es grande en los cielos" (Mateo 5:10-12).

En otro lugar, Jesús dijo a sus discípulos: "Si el mundo os odia, sabed que a mí me ha odiado antes que a vosotros. Si fuerais del mundo, el mundo amaría lo suyo; pero porque no sois del mundo, sino que yo os elegí del mundo, por eso el mundo os odia. Acordaos de la palabra que yo os he dicho: 'El siervo no es mayor que su señor' [Juan 13:16]. Si a mí me han perseguido, también a vosotros os perseguirán" (Juan 15:18-20). Pablo y Bernabé dijeron a los discípulos en Antioquía: "[A] través de muchas tribulaciones debemos entrar en el Reino de Dios" (Hechos 14:22).

El discipulado significa sufrimiento. Mientras Satanás siga siendo el dios y príncipe de este mundo, gran parte del trabajo cristiano en el Reino de Dios implicará sufrimiento para el creyente. Porque padres e hijos sufren por las deficiencias de unos y otros, y a veces incluso por la maldad de unos y otros. Lo mismo ocurre con esposos y esposas, maestros y alumnos, empleadores y empleados, ancianos y miembros comunes de la iglesia, autoridades y ciudadanos comunes. En todas estas relaciones, las personas pueden verdaderamente aterrorizarnos mutuamente. Aquellos que ocupan ciertos oficios sufren bajo la rebelión y desobediencia de aquellos que deberían respetarlos. Estos últimos sufren bajo la mala conducta y brutalidad de las personas en autoridad. El sufrimiento a menudo significa tomar el lugar más bajo, "como hombres condenados a muerte, porque hemos llegado a ser espectáculo al mundo, a los ángeles y a los hombres" (1 Cor. 4:9).

Esto no significa que el cristiano siempre necesariamente tome la posición más baja *en la sociedad*. Afirmar tal cosa significaría nuevamente una confusión típica entre estructura y dirección. Quien olvida su llamado cristiano, reina como un "rey" sin preocuparse por Dios o sus mandamientos (v. 8), ya sea un primer ministro o un trabajador. Pero quien realmente cumple su llamado cristiano, necesariamente sufrirá en un mundo pecaminoso, ya sea un primer ministro o un trabajador. El trabajador en la cabina de votación, que de manera humanista confunde su derecho a votar con el derecho a gobernar, se comporta como un rey. El primer ministro que conoce su llamado a estar bajo el dominio de Dios se comporta como un siervo. (Recordemos que la palabra "ministro" literalmente significa "siervo"; es un vestigio de la época en que el ministro de gobierno aún era el siervo de un monarca absoluto "por la gracia de Dios", y por lo tanto, indirectamente, un siervo de Dios).

La mente de Cristo

El discipulado no implica necesariamente tomar el lugar más bajo en la sociedad, como si los directores ejecutivos creyentes, presidentes universitarios y magistrados fueran condenados por sus altas posiciones sociales. El discipulado significa tomar el lugar más bajo *espiritualmente*: el lugar del oprobio de Cristo. El mandamiento de Pablo, "No seáis altivos, sino asociaros con los humildes" (Rom. 12:16), no es un llamado a tomar la posición más baja en la vida social, sino el llamado, cualquiera que sea la posición que uno tenga, baja o alta, a funcionar en esa posición con un espíritu de simplicidad, humildad, mansedumbre, en resumen: con el espíritu de Cristo.

Esto, presumo, es una de las razones por las que Jesús dijo a sus discípulos: "De cierto os digo, que si no os volvéis y os hacéis como niños, no entraréis en el reino de los cielos. Así que, cualquiera que se humille como este niño, ese es el mayor en el reino de los cielos" (Mateo 18:3-4). Los creyentes no deben imitar la infantilidad del niño —por el contrario, en ese sentido deben madurar (e.g., 1 Cor. 3:1-3; 14:20; Efesios 4:14; Hebreos 5:12-14)— sino la simplicidad del niño, su ser sin pretensiones, sin un pedestal autoimpuesto del cual podría caer.

Aquí nuevamente, el Rey es el gran ejemplo para cada discípulo en el Reino de Dios. Él tomó el lugar más bajo. "Aprended de mí, porque soy manso y humilde de corazón" (Mateo 11:29). Pero esto no significaba que renunciara a su alto estatus. No había falsa modestia en él: "Vosotros me llamáis Maestro y Señor, y decís bien, porque lo soy" (Juan 13:13). Nada podía quitarle esto. Tomar el lugar más bajo no significaba que dejara de ser el Maestro y Señor. ¿Qué *significaba* entonces? Escuchen lo que añade inmediatamente: "Pues si yo, el Señor y el Maestro, he lavado vuestros pies, vosotros también debéis lavaros los pies unos a otros. Porque ejemplo os he dado, para que como yo os he hecho, vosotros también hagáis" (vv. 14-15). Cristo no tomó el lugar más bajo jerárquicamente, sino espiritualmente, en el sentido de que, sin dejar de ser su Maestro, se inclinó para lavar los pies de sus discípulos (también cf. Mateo 23:8-12; Lucas 22:24-30).

Los cargos políticos pertenecen a los cargos más altos que una nación conoce. Pero el estatus es algo muy diferente de la actitud con la que se llevan a cabo los cargos políticos, o cualquier cargo. El magistrado creyente, sencillo, humilde y modesto es un siervo y seguidor del gran Rey, pero no deja de ser un magistrado. Su cargo es alto, pero su actitud es humilde. La humildad no excluye la autoridad, y la autoridad no excluye la humildad. Todo esposo, padre, anciano, obispo, magistrado, director, presidente, debe ser humilde, y entregarse en servidumbre a sus subordinados. Pero eso no quita nada al estatus de su cargo. El cargo más bajo puede ser desempeñado con orgullo y arrogancia, y el cargo más alto puede ser llevado con humildad y servidumbre. (Lo contrario también es cierto, por supuesto). Repito, el estatus del cargo y la actitud del oficial son dos asuntos muy diferentes. El portador del cargo más alto que esta tierra ha visto fue el más humilde de todos.

Preguntas para Revisión

1. ¿Cuáles son los dos significados de la palabra *mundo*, como los encontramos en la Biblia?

2. ¿Por qué ninguna relación social es mala en sí misma?

3. ¿Por qué debemos rechazar la distinción entre lo *sagrado* y lo *profano*?

4. Usando la analogía de una colonia romana (como Filipos), explica qué significa que somos *ciudadanos celestiales aquí en la tierra*.

5. ¿Por qué es un falso dilema elegir entre nuestra "vida en el cielo" y nuestra "vida en la tierra"?

6. ¿Por qué vivir en la tierra como ciudadanos del cielo inevitablemente traerá sufrimiento para los cristianos?

7. ¿Cómo es posible ocupar una alta posición en la sociedad y, sin embargo, hacerlo con humildad?

CAPÍTULO VI

LOS DOS REINOS

Varias veces en los capítulos anteriores, me referí a la relación entre la iglesia y el Estado. Lo hice particularmente en el capítulo 3, donde vimos que la noción de oficios y responsabilidades distintos prohíbe colocar a la iglesia bajo el Estado, así como colocar al Estado bajo la iglesia. En el capítulo 4 mencioné el problema de la eclesiocracia: una forma política en la que todas las relaciones sociales, incluido el Estado, se subordinan a la iglesia. Si bien es cierto que, entre todas las diversas relaciones sociales, hay dos que son particularmente propensas a ser colocadas por encima de todas las demás, en la historia de la iglesia estas han sido tradicionalmente la iglesia y el Estado.

Antecedentes escolásticos

En el pensamiento cristiano, desde la cristianización del Imperio Romano (siglo IV), una y otra vez ha surgido la pregunta: ¿Debe asociarse el gobierno de Dios principalmente con la iglesia, o principalmente con el Estado? Y si tal vez con ambos, ¿cuál de los dos tiene la primacía? En el siglo IV, después de la cristianización del Imperio Romano, la respuesta fue el *cesaropapismo*: el emperador romano prácticamente funcionaba como líder de la comunidad cristiana. Por ejemplo, fue él quien convocó y presidió formalmente el Concilio de Nicea (325).

En el siglo XIII, ocurrió lo contrario: el papa Inocencio III no sólo gozaba de supremacía en la iglesia, sino también en el mundo occidental. En aquellos días, se decía que no sólo los obispos, sino también el emperador del Sacro Imperio Romano y los reyes de los diversos países occidentales, no podían mover un dedo sin el permiso del papa.

Es bastante comprensible que ambas situaciones ocurrieran, en diferentes momentos, por supuesto, porque parece que se pueden aducir argumentos "convincente" para ambos puntos de vista. Si ponemos el énfasis en el carácter espiritual del Reino de Dios, daremos la primacía a la iglesia, porque la iglesia es espiritual (sagrada), y el Estado es mundano (profano, secular). Sin embargo, si ponemos el énfasis en el gobierno de Dios sobre toda la humanidad, daremos la primacía al Estado. Y si las personas se niegan a elegir entre el papa y el emperador, construirán algún tipo de *duplex ordo* ("doble orden"). Este es un esquema en el que los dos, iglesia y Estado, se ponen uno al lado del otro como dos "reinos" o "regimientos" diferentes (es decir, "regímenes") de igual valor. Se consideran dos facetas del gobierno de Dios. Más a menudo escucharán estos identificados como "dos reinos", así que esta es la terminología que usaremos también.

La terminología que acabo de introducir puede ser un poco engañosa. "Reinos" y "regimientos" no son lo mismo. Si hablamos de dos "reinos", o "imperios", o "reinos", podríamos pensar que la referencia es al Reino de Dios y al reino de satanás. Sin embargo, el término "regimiento" tiene un significado muy diferente. Se utiliza para expresar la idea de que tanto en la iglesia como en el Estado estamos tratando con un régimen divino, una forma de gobierno. Con el primer régimen, la iglesia, también llamado el régimen del "evangelio", Dios guía a las personas a la fe. Con el otro régimen, el Estado, también llamado el régimen de la "ley", Dios mantiene bajo control a los injustos. En el primer reino tenemos que ver con la *iustitia fidei*, "la justicia (o rectitud) de la fe" (cf. Rom. 4:11,13). En el segundo reino tenemos que ver con la *iustitia civilis* o *politica*, la "justicia (o rectitud) civil (o política)", es decir, la rectitud exterior de la vida social.

A la luz de los capítulos anteriores, puede haber quedado claro por qué rechazo fundamentalmente toda esta cuestión sobre la primacía de la iglesia o el Estado *a priori*. Sin embargo, la doctrina de los dos reinos, que aparece en muchas formas diferentes, ha sido tan influyente que debemos examinarla un poco más de cerca. Eso también nos dará la oportunidad de buscar las raíces más profundas de esta doctrina. Estas raíces se encuentran en la escolástica, es decir, la filosofía de los pensadores cristianos medievales que aceptaron el dualismo de *la naturaleza* y *la gracia*, un dualismo que, en el humanismo posterior, se secularizó en el dualismo de *la naturaleza* y *la libertad*.

El pensamiento escolástico, tal como ha sido formulado especialmente por Tomás de Aquino (siglo XIII), se caracteriza por el dualismo abarcador de la gracia y la naturaleza. Esto se manifiesta en numerosos otros dualismos bien conocidos: iglesia y mundo, alma y cuerpo (en el sentido griego antiguo de la "sustancia" del alma y el cuerpo), cielo y tierra, lo sagrado y lo secular, lo que es cristiano frente a lo que es humano, fe y razón, teología sagrada y filosofía profana (incluidas las ciencias especiales), teología sobrenatural y natural, revelación especial y general, experiencia de fe y conocimiento de la fe, "corazón y cabeza", etcétera.

Incluso si, en la teología moderna, algunas de estas formas del dualismo de Naturaleza-Gracia ya no están de moda, el mismo dualismo, no obstante, sigue viviendo de una manera muy vital, bajo varios nombres y en varias formas. Estas formas pueden parecer muy diferentes, pero equivalen al mismo dualismo básico. En todos estos casos, se distingue un dominio de actividad divina y sagrada de un tipo de dominio neutral (secular, profano). En este último dominio, la razón humana se considera más o menos autónoma, de modo que es capaz de funcionar según su propia luz. En el dominio sagrado, sin embargo, la razón no funciona con su propia luz sino con la de las Escrituras y la fe. Todos estos falsos dualismos tienen algo en común que podría resumir brevemente como la *maldición de la neutralidad*. Volveremos a este tema vital varias veces.

Tipos de doctrinas de los dos reinos

Según el esquema de Naturaleza-Gracia, el dualismo escolástico identifica dos "reinos", "regimientos" o "reinos" que se distinguen claramente, se consideran fundamentalmente irreducibles entre sí y son independientes el uno del otro. Esto corresponde con el conocido dualismo luterano de *ley y evangelio*: la ley es la norma para el primero, el evangelio es la norma para el segundo reino. En terminología luterana, son el reino de la izquierda de Dios y el reino de su mano derecha, respectivamente. El primer dominio es el de la naturaleza: el dominio de la vida temporal, terrenal, natural, racional, secular, profana, que también incluye el Estado. El otro dominio es el de la gracia: el dominio de la vida eterna, espiritual, sobrenatural, de la fe, divina, sagrada, que también incluye a la iglesia.

Por favor, tome nota: el primer dominio, el del Estado, no se considera en absoluto separado de Dios, pues la autoridad de los reyes y presidentes mundanos también es una autoridad dada por Dios (Rom. 13:1-7; 1 Pedro 2:13-17). En este sentido, este dominio también es un "reino" o "regimiento" divino, en el cual Dios realiza ciertos propósitos, a saber, mantener el orden y la paz en la vida temporal y terrenal, y restringir a los injustos. Sin embargo, este reino se considera muy alejado del Reino de Dios real, el Reino espiritual de su Cristo, que se realiza dentro de la iglesia.

Así, la característica más destacada de cualquier tipo de doctrina de los dos reinos que podamos encontrar es siempre la secularización del Estado. La vida sagrada (espiritual), la vida de fe, se encuentra en la iglesia, así como en la vida personal e interior de la fe. Para el resto, toda la vida del creyente se seculariza, o se considera neutral, como a menudo se dice. La vida profesional, la ciencia, la educación, los negocios, las artes, la política, etcétera, se consideran neutrales. Algunos defensores de esta concepción que niegan estar defendiendo la neutralidad, no obstante, no ven lugar para que la fe afecte *las relaciones y estructuras sociales*, sino que sólo tienen espacio para *relaciones personales, individuales*, dirigidas por la fe en el mundo. Se considera una imposibilidad fundamental un Estado cristiano, y en el mejor de los casos, se toleran las escuelas cristianas siempre que sean financiadas completamente por los padres. Aquí, de nuevo, se entiende una escuela cristiana en términos de cristianos individuales que brindan educación que es, con la excepción de una clase de Biblia, tan secular y neutral como la de las escuelas estatales. Las personas comprometidas con esta concepción a menudo afirman, por ejemplo, que no existe tal

cosa como "matemáticas cristianas". Entonces sólo se piensa
que la iglesia representa el Reino de Dios en la tierra: el
Estado puede, en el mejor de los casos, servir al Reino de
Dios ayudando, apoyando y defendiendo a la iglesia.

Hace algunos años, en un país africano, escuché a un
conocido teólogo africano defender la doctrina de los dos
reinos en términos tan fuertes que incluso rechazó el *principio*
de un Estado cristiano. Explicó que, en cierto país africano,
donde más del 90% de la gente confiesa la fe cristiana, había
abogado muy fuertemente ante el gobierno para que *no*
estableciera, bajo ninguna circunstancia, un Estado cristiano.
Para él, un Estado cristiano parecía necesariamente implicar
la supresión de los no cristianos dentro de ese Estado. Por lo
tanto, el Estado definitivamente tenía que ser neutral. Esto
es lo que sucede cuando se deja la filosofía y la politología a
los teólogos, incluso teólogos creyentes en la Biblia. Pueden
pensar que pueden aducir argumentos bíblicos, pero en
realidad están atrapados en la antigua doctrina de los dos
reinos.

Este teólogo africano, aunque con las mejores intenciones,
ni siquiera había comprendido la noción de un Estado que *no*
tiene *otra* tarea que mantener la justicia pública, sin interferir
con las creencias de las personas individuales. En este sentido,
el Estado cristiano nunca impondrá creencias cristianas a sus
ciudadanos. Aparentemente, mi colega africano sólo podía
pensar en el Estado cristiano como un Estado totalitario.

Un ejemplo práctico: un gobierno cristiano no prohíbe la
construcción de mezquitas por parte de los musulmanes. Esto
no se debe a que este gobierno sea pro-Islam, no lo es, sino
porque no se entromete en las convicciones religiosas de sus
ciudadanos. Un gobierno cristiano debe garantizar a todas

las personas la misma libertad religiosa que los cristianos desearían disfrutar en todos los países del mundo. Por favor, tomen nota de nuevo: esto no tiene nada que ver con que el Estado sea neutral. Nunca lo es. Las autoridades siempre tienen sus propias creencias personales; pueden ser pro- o anti-cristianas, pro- o anti-Islam. Ese no es el punto. El punto es que el poder de cualquier gobierno nunca debería ir más allá de mantener la justicia pública. Por lo tanto, el Estado tiene algo que decir sobre las condiciones externas bajo las cuales se construyen mezquitas (sinagogas, templos), no sobre esta construcción en sí misma.

Creación y recreación

En el próximo capítulo, describiré el dualismo de Naturaleza-Gracia en términos de un dualismo de creación y recreación. El ámbito natural de las realidades terrenales y humanas se considera perteneciente a la primera creación, y el ámbito sobrenatural (espiritual) del Reino de Dios en Cristo se asocia con la futura recreación. Los dos se colocan dialécticamente uno frente al otro. El Reino de Dios ya no se ve como un ámbito que se realiza dentro de *esta* creación. La razón es que las personas no ven que Dios no va a *reemplazar* la vieja creación, sino a *elevarla* a través de la redención. Si fuera de otra manera, en cierto sentido, Satanás habría ganado una victoria: habría corrompido la vieja creación hasta tal punto que lo único que Dios podría hacer sería reemplazarla por otra nueva creación. Pero ese no es el caso en absoluto. Yo sostengo que es *esta* creación la que Dios quiere restaurar y renovar. Sin embargo, la doctrina de los dos reinos argumenta que en la iglesia, como (el germen del) Reino de Dios, se ve el comienzo de la recreación, la cual se supone que se enfrenta dialécticamente a la vieja creación. Según esta concepción, el Estado, tal como lo conocemos hoy, es sólo una disposición temporal por parte de Dios para crear y mantener el orden entre los humanos hasta el último día; es decir, mientras la vieja creación continúe.

En cuanto a la relación entre la iglesia y el Estado, por supuesto, se pueden y se han inventado muchas variedades. Por ejemplo, hay una gran diferencia entre ver el Estado particularmente como el dominio de Satanás, o considerarlo como un "reino" ("regimiento") de Dios, aunque uno que se distingue claramente del Reino de Dios. La separación más drástica entre la iglesia y el Estado ocurre cuando la religión es expulsada por completo de la vida pública. Aquí ya no estamos tratando sólo con una separación entre la iglesia y el Estado, sino con una separación entre la religión y la sociedad, lo cual, como he argumentado antes, son asuntos muy diferentes. En tal situación, se defiende e implementa con mayor fuerza la ilusión del Estado neutral, y en su estela, la ilusión de la escuela neutral. Repito que creo en la separación entre la iglesia y el Estado, pero una separación entre la religión y la sociedad no sólo es indeseable, sino imposible: *la religión (incluyendo ideologías) está en todas partes.*

En la concepción luterana del Estado, encontramos una separación similar entre la iglesia y el Estado como en la concepción tradicional, pero es menos fuerte. Es cierto que, como ámbitos espiritual y temporal, respectivamente, la iglesia y el Estado no tienen conexión interna, según esta concepción. Sin embargo, el Estado no es neutral, sino sagrado, ya que el rey, príncipe, duque o conde recibe su autoridad de Dios y es responsable ante él, no ante la iglesia. En el mejor de los casos, existe una relación con la iglesia en la medida en que la iglesia, además de ser un ámbito espiritual, también es una institución terrenal, que como tal cae bajo la jurisdicción del Estado. Sin embargo, el Estado no se entromete en los asuntos de la iglesia, así como la iglesia no se entromete en los asuntos del Estado.

Las consecuencias de las opiniones de Lutero en la Alemania del siglo XVI son bien conocidas. En nombre de la recién comenzada iglesia "evangélica" (protestante), Lutero buscó el apoyo de los príncipes alemanes que se habían convertido al protestantismo. Se opuso vehementemente a los campesinos alemanes muy pobres en la Guerra de los Campesinos (1524-1526) porque, en su opinión, la rebelión de los campesinos era una rebelión directa contra Dios. En la Paz de Augsburgo (1555, después de la muerte de Lutero), los católicos y los luteranos acordaron el famoso lema, *Cuius regio, eius religio*, "La religión del príncipe es la religión de sus súbditos" (la frase en sí se acuñó en 1582). Es decir, la religión del príncipe dictaba la religión de sus súbditos, ya sea católica o luterana. El principio no se aplicaba a los príncipes calvinistas (reformados), ni a las regiones anabaptistas. A los habitantes que no podían conformarse a la religión de su príncipe se les permitía abandonar su reino.

Otras variedades

En las siguientes tres concepciones vemos una relación más estrecha entre la iglesia y el Estado, aunque aún se entienden en términos del dualismo Naturaleza-Gracia. En estas concepciones, supuestamente, el Estado tiene la tarea dada por Dios de ayudar, apoyar y defender a la iglesia. En la concepción medieval del Estado del catolicismo romano, el Estado presta este servicio desde una posición inferior a la de la iglesia. Es decir, cuando los intereses entran en conflicto o se superponen, la iglesia está por encima del Estado. También es la iglesia la que determina cuáles son los intereses espirituales que el Estado debe defender. Piensa en la Inquisición, una organización de la iglesia que cazaba, juzgaba y condenaba a los herejes, y luego los entregaba al Estado, que luego los ejecutaba. En este sentido, el Estado era completamente subordinado a la iglesia. Sin embargo, usualmente la iglesia no se entrometía en los asuntos comunes y seculares del Estado.

En la iglesia anglicana o episcopal también el Estado debe apoyar a la iglesia pero, en este caso, el Estado lo hace desde una posición superior a la de la iglesia. Esto se debe a que la iglesia en su manifestación terrenal se considera parte del Estado omniabarcante. Por lo tanto, el monarca británico es también cabeza de la Iglesia de Inglaterra, y *Fidei defensor*, "defensor de la fe". Incluso hoy, la reina británica se llama oficialmente "Elizabeth la Segunda, por la Gracia de Dios, del Reino Unido de Gran Bretaña e Irlanda del Norte y de sus otros Reinos y Territorios Reina, Jefa de la Mancomunidad, Defensora de la fe". Dentro de la Mancomunidad británica, la adición "Defensora de la fe" se conserva sólo en Canadá y Nueva Zelanda, aunque estos países no tienen iglesias estatales. Aquí, el soberano se ve como un defensor de la fe en el sentido más general.

En la concepción anglicana, la iglesia siempre se somete al Estado en caso de intereses conflictivos o superpuestos. Es el Estado el que gobierna sobre los asuntos seculares y sagrados, es decir, también sobre el funcionamiento interno de la iglesia, por ejemplo, cuando se trata de nombrar (arz)obispos. La elección de un nuevo arzobispo de Canterbury, que es el principal líder de la Iglesia de Inglaterra, es anunciada por el primer ministro británico en nombre del Soberano. Sin embargo, el Estado no se entromete en las tareas estrictamente espirituales de la iglesia, como predicar la Palabra y administrar los sacramentos.

También en la concepción reformada clásica del Estado, tal como fue formulada por Juan Calvino y aplicada particularmente en los Países Bajos (siglos XVI-XIX), se suponía que el Estado debía apoyar a la iglesia con el propósito de promover el Reino de Dios. Esta tarea tradicionalmente incluía combatir las religiones falsas y las iglesias y sectas falsas (véase el Artículo 36 no revisado de la Confesión Belga; cf. capítulo 4 anterior). Como es el Reino espiritual de Cristo, la iglesia está por encima del Estado, pero esto no implica que pueda ejercer ninguna autoridad sobre el Estado. Por el contrario, como dijimos antes, en el siglo XVII, no fueron los líderes de la iglesia, sino los Estados Generales los que convocaron el conocido Sínodo de Dort (1618-1619). Esto se vio como parte del mantenimiento de la justicia pública: había un serio conflicto teológico en la iglesia, entre los llamados remonstrantes y los contrarremonstrantes, que causó gran agitación en la sociedad. Raramente un asunto teológico tocó tanto al público en general. Por lo tanto, los Estados Generales consideraron su deber convocar a los líderes de la iglesia para resolver los problemas que habían surgido y así restaurar la tranquilidad y la paz en la sociedad. En este sentido, sin embargo, el Estado no tenía una posición superior a la de la iglesia, como en la concepción anglicana, ni una posición inferior, como en la concepción católica romana tradicional, sino una posición igual. Esto significaba que tanto la iglesia como el Estado se veían como estando bajo la autoridad de las Escrituras, y ambos siendo responsables sólo ante Dios.

Una ruta alternativa

El pensamiento escolástico, que subyace especialmente en la variedad católica romana de la doctrina de los dos reinos, es totalmente contrario al gran descubrimiento de la Reforma de, primero, la radicalidad de la *creación*. Es decir, la creación es totalmente, y en su *radix* (es decir, raíz), dependiente de Dios, y diseñada para servir y honrar a él. En segundo lugar, la concepción mencionada está en desacuerdo con la radicalidad de *la caída* del hombre. A través de esta caída, el hombre en su totalidad, incluida su razón, y en consecuencia también el cosmos en su conjunto, fue corrompido por el pecado. En tercer lugar, la perspectiva en consideración está en desacuerdo con la radicalidad de *la redención*, mediante la cual el Hombre arrepentido en su totalidad, así como *todas* sus relaciones temporales, son redimidos del poder del pecado y de Satanás. En cuarto lugar, la perspectiva está en desacuerdo con el *escatón* (el "fin de los tiempos", 1 Corintios 10:11; Hebreos 9:26), en el cual toda la creación será restaurada a la comunión con, y la glorificación de, Dios.

Este importante descubrimiento reformativo de una radicalidad triple implica el rechazo total de cualquier noción de dominios neutrales, así como una concepción en la cual toda la vida humana está o bien corrompida por el pecado, o bien restaurada al servicio de Dios. Por cierto, desafortunadamente, este importante descubrimiento reformativo nunca ha conquistado realmente todas las áreas del pensamiento reformado. Al contrario, el esquema Naturaleza-Gracia escolástico aparece en muchos lugares en la teología reformada (ver mi próxima *Introducción a la teología Cristiana*), así como en la doctrina reformada del Estado.

Quizás esas concepciones del Estado que colocan a la iglesia bajo el Estado, como en el luteranismo y el anglicanismo, así como las opiniones reformadas originales, no parecen estar arraigadas en el pensamiento escolástico. Esto se debe a que, según el esquema escolástico, la iglesia, al estar bajo la gracia, supuestamente está *por encima* del Estado, el cual cae dentro de la naturaleza. Sin embargo, aquí sólo hay una discrepancia aparente. En las concepciones mencionadas, la iglesia está bajo el Estado sólo en la medida en que es una relación social terrenal. En su carácter como el reino espiritual de Dios, necesariamente está por encima del Estado, que es sólo el reino terrenal y temporal de Dios. Por lo tanto, también en las concepciones del Estado luterano, anglicano y reformado original, el Estado nunca debe entrometerse en los asuntos eclesiásticos reales de predicar la Palabra y administrar los sacramentos.

En este sentido, incluso las concepciones del Estado luterano, anglicano y reformado temprano todavía están fuertemente arraigadas en el esquema Naturaleza-Gracia escolástico. Sin embargo, hay una diferencia importante: la gran *ganancia* de la Reforma fue que tanto Martín Lutero como Juan Calvino no veían a la iglesia y al Estado principalmente en su relación mutua, sino como ambos sometidos a la Palabra de Dios. En este sentido, se hizo un tremendo progreso: ya no distinguían entre un dominio neutral y sagrado; al contrario, en su concepción (bíblica), *todos* los dominios están sometidos a Dios. A Cristo se le ha dado dominio sobre *todas* las cosas, no sólo sobre las cosas sagradas. En este sentido, el dualismo sagrado y secular debe ser completamente rechazado. De hecho, muchos amigos católicos romanos que creen en la Biblia hoy en día confesarían la misma verdad en la práctica: el reinado de Cristo abarca todos los ámbitos de la vida y la sociedad.

En este contexto, la gente a menudo ha citado las famosas palabras de Abraham Kuyper (1880, en su discurso en la apertura de su Universidad Libre en Ámsterdam): "No hay ni un sólo centímetro cuadrado en todo el dominio de nuestra existencia humana sobre el cual Cristo, quien es soberano sobre todo, no clame: ¡'Mío'!".

Un enfoque esencialmente nuevo

Lo que necesitaba desesperadamente el pensamiento luterano temprano, el anglicano temprano y el reformado temprano, así como el pensamiento católico, era una concepción cristiana completamente nueva de la realidad cósmica, en la que el poder del pensamiento tradicional de Naturaleza-Gracia fuera fundamentalmente roto. Ya discutí algunos elementos de tal nueva forma de pensar, como la pluralidad de cargos y responsabilidades (capítulo 3), la noción de teocracia (capítulo 4), y los elementos de estructura y dirección (capítulos 3-5).

Es de suma importancia distinguir entre el dualismo de Naturaleza-Gracia medieval y protestante temprano, y la nueva concepción cristiana del Estado. En el dualismo escolástico, las antítesis direccionales entre Dios y Satanás, o entre el Espíritu y la carne (cf. Gálatas 5:16-18), son reemplazadas por una supuesta antítesis que, por así decirlo, es perpendicular a la mencionada: una antítesis estructural artificial dentro de la realidad creada, a saber, entre iglesia y Estado. En tal concepción, se supone que el Reino de Dios se realiza a través de la iglesia, y a pesar de, *o* con la ayuda del Estado, supuestamente neutral. En realidad, la antítesis direccional entre Espíritu y carne atraviesa lo que se supone es natural, como el Estado, así como lo que se supone es sobrenatural, como la iglesia. Es decir, atraviesa los dos reinos o dominios. En otras palabras, esta antítesis de Dios y Satanás, de Espíritu y carne, se manifiesta tanto en la iglesia como en el Estado, y también en cada otra relación social: dentro de los dominios "sagrados" y "seculares", dentro del dominio de la fe y el de la razón (si aún podemos usar estas distinciones engañosas por mor del argumento).

En su obra *"De civitate Dei"*, "La Ciudad de Dios" (escrita entre 413 y 426), el gran padre de la iglesia Agustín discernió muy bien que la *civitas Dei*, la comunidad (o ciudad) de Dios—digamos, el Reino de Dios—no puede simplemente ser equiparada con la iglesia, y la *civitas terrena*, el ámbito terrenal (en el cual están en acción tanto las fuerzas buenas como las malas), no puede simplemente ser equiparada con el Estado. ¡Por supuesto que no; en la época de Agustín había emperadores cristianos (o "cristianos") en los tronos de Roma y Constantinopla! En la concepción de Agustín, también había algo de la *civitas Dei* en el Estado, y algo de la *civitas terrena* en la iglesia. Pero al final, Agustín también asoció erróneamente la antítesis direccional de las dos *civitates*, particularmente con la antítesis estructural entre iglesia y Estado.

En mi opinión, los términos *civitas Dei* y *civitas terrena* como tales son bastante apropiados, pero sólo si se usan como una antítesis *direccional*. Esta antítesis se manifiesta igualmente en cada relación social, tanto dentro de la iglesia como dentro del Estado, así como dentro del matrimonio, la familia, la escuela, la empresa, el partido, la asociación, etcétera. En lugar de esto, desafortunadamente, los dos términos han sido abusados una y otra vez para trazar una línea divisoria dentro de la realidad creada —entre iglesia y Estado— borrando así la distinción entre estructura y dirección.

El principio de subsidiariedad

Es significativo ver que en la noción católica romana de "subsidiariedad", exactamente la misma distinción entre estructura y dirección está en juego. El principio de subsidiariedad ve las diversas relaciones sociales de una manera fuertemente jerárquica. Está fundamentado en la noción medieval del *corpus Christianum*, el conjunto de todo el Cristiandad. Este *corpus* se ve como la sociedad cristianizada, que es una entidad orgánica y jerárquica construida de varios niveles. Es decir, los niveles inferiores, como la familia, la escuela, la empresa, se ven como autónomos, independientes, pero aún así *partes* del Estado. Esto implica que el Estado puede intervenir en casos en los que las comunidades inferiores no sean capaces de cumplir su tarea de servir al todo mayor, es decir, al Estado.

De esta manera, hay una relación natural entre la doctrina católica de subsidiariedad y la concepción socialdemócrata del Estado. En ambos casos, el papel del Estado tiende a volverse demasiado dominante: el Estado tiende a asumir fácilmente tareas que en realidad no le corresponden, sino a otras relaciones sociales. Tomen, por ejemplo, la escuela: si la escuela se ve como parte del Estado, el Estado puede encontrar fácilmente excusas para asumir (parte de) sus tareas. Sin embargo, si la escuela es una relación social distinta, y en pie de igualdad con el Estado, entonces el Estado nunca puede entrometerse en los asuntos internos de la escuela. sólo puede crear las condiciones previas de las escuelas como cuestión de justicia pública, como se explicó antes. *El Estado no enseña*. Sólo los maestros hacen eso, no en nombre del Estado, sino en nombre de los padres.

En la doctrina de la subsidiariedad, todo el énfasis se pone en la *estructura*: hay una estructura, una sociedad, como —aparte de la iglesia— el Estado en la cima, y la familia, la escuela, la empresa, la asociación, el partido, etcétera, perteneciendo a los niveles inferiores. La dirección (hacia Dios) corre desde la iglesia a través del Estado hacia los niveles inferiores. En la doctrina de la soberanía de la esfera, sin embargo, no hay niveles sino sólo relaciones sociales que todas están en un nivel igual y todas muestran una dirección hacia Dios o apóstata, o una mezcla de ambas. Esta *dirección* de cada relación social *nunca* pasa por la iglesia o el Estado, sino que siempre es una cuestión de responsabilidad directa ante Dios.

Ciertamente como consecuencia de la secularización, el principio de subsidiariedad, aunque bien intencionado en un principio, se ha convertido cada vez más en un principio pragmático. Por ejemplo, si es más práctico que el Estado organice las escuelas dentro de su territorio, en lugar de que organizaciones educativas privadas lo hagan, entonces que lo haga el Estado. Es por eso que el pensamiento católico romano siempre está bastante indefenso cuando el Estado amenaza con prohibir las escuelas cristianas dentro de sus límites. Sobre la base del principio de subsidiariedad (secularizado), la "libertad de educación"—todas las religiones e ideologías teniendo la libertad de establecer sus propias escuelas, si así lo desean— podría fácilmente considerarse como un uso poco práctico e ineficiente del dinero de los contribuyentes, y por lo tanto ser abandonado.

Los católicos romanos tendrían un argumento mucho más fuerte si también aceptaran el principio de soberanía de la esfera, o, si lo prefieren, la noción de pluralidad de cargos y responsabilidades (ver capítulo 3). *No* es responsabilidad del Estado organizar toda la educación, por la simple razón de que las escuelas son extensiones de las familias, no del Estado. Son los *padres* quienes organizan las escuelas a través de las organizaciones educativas que establecen, o a través de las organizaciones cristianas existentes. Es el *Estado* el que debe mantener la justicia pública, y nada más; es decir, (a) facilitar la construcción de edificios escolares, (b) verificar la calidad de la educación ofrecida en estas escuelas (inspección), y (c) proporcionar escuelas sólo para aquellos niños cuyos padres no les importa tener sus propias escuelas. *Eso es todo.* Todo lo que vaya más allá de esto nos llevará a los brazos de los socialistas, quienes quisieran ver al Estado abarcar todas las demás relaciones sociales, y sacrificar las responsabilidades propias de estas últimas.

La tarea del Estado es mantener la justicia pública, ni más ni menos. Los socialistas siempre quieren *expandir* esta tarea e incluir responsabilidades que en realidad pertenecen a otras relaciones sociales. Los liberales siempre quieren *restringir* esta tarea y transferir algunas de las responsabilidades propias del Estado a organizaciones privadas. Es por eso que la política cristiana siempre tiene que luchar en dos frentes, y siempre tiene que definir de nuevo la ruta adecuada entre los dos, sobre la base de una doctrina cristiana elaborada del Estado.

La creación y el Reino de Dios no son dos reinos estructuralmente diferentes (ver los próximos capítulos). La creación apóstata y la creación redimida son estructuralmente una y la misma creación —con una dirección diametralmente opuesta, sin embargo. El Reino de Dios se propone manifestarse en cada relación social, en cada área de la vida humana, en cada dominio cultural, cuando y donde tal relación o dominio ya no esté orientado al pecado y a Satanás, sino a Dios y a Cristo, al menos en principio. Aquí no hay ni el más mínimo espacio para un dualismo entre ley y evangelio: tanto la Palabra creadora de Dios (ley) como su Palabra redentora (evangelio) están contenidas en la Torá eterna. Tanto la primera creación como la creación redimida están sujetas a la misma Torá eterna, como se encarna en Cristo.

Preguntas para revisión

1. ¿Cómo se relaciona la doctrina de los dos reinos con el dualismo Naturaleza-Gracia?

2. ¿Por qué algunos pensadores se oponen a establecer un Estado cristiano? ¿Qué respuesta a esta objeción proporciona este capítulo?

3. "Dios no va a *reemplazar* la antigua creación, sino *elevarla* a través de la redención". ¿Qué implicaciones tiene esta verdad para evaluar la doctrina de los dos reinos?

4. ¿Cómo protege una concepción bíblica del Reino de Dios la libertad religiosa para todos los ciudadanos en un país?

5. Explica, en términos de la distinción entre *estructura* y *dirección*, la concepción reformada de la creación, la caída y la redención.

6. ¿Por qué es un error ver la enseñanza de Agustín sobre la ciudad de Dios y la ciudad de los hombres como equivalentes a dos reinos?

7. ¿Por qué es preferible la enseñanza de la soberanía de la esfera a la enseñanza de la subsidiariedad?

CAPÍTULO VII

CREACIÓN Y RE-CREACION

En los capítulos anteriores he tratado algunos aspectos vitales con respecto al Reino de Dios, por un lado, y las relaciones o comunidades sociales, por otro. Cuando hablamos del Reino de Dios, tenemos una gran perspectiva ante nosotros: la "edad venidera" (Marcos 10:30; Efesios 1:21; Hebreos 6:5) y el "mundo venidero" (Hebreos 2:5), un mundo de paz y justicia, cuando el conocimiento de la gloria de Dios llenará la tierra (Isaías 11:9; Habacuc 2:14). Cuando pensamos en las relaciones sociales, tenemos como fundamento las ordenanzas creadas por Dios, es decir, el orden legal que ha instituido para la realidad cósmica. Estas ordenanzas creadas pertenecen a la perspectiva de la creación; el "mundo venidero" pertenece a la perspectiva de la re-creación.

Estoy convencido de que necesitamos *ambas* perspectivas para obtener una imagen completa y equilibrada de la sociedad: cuál es su fundamento en la creación y cuál es el futuro escatológico que Dios había preparado para ella.

El evangelio del Reino

Algunas personas, especialmente aquellas de trasfondo evangélico, no les gusta mucho este enfoque doble. Hablar sobre ordenanzas creacionales y orden legal es demasiado abstracto para ellos, tal vez incluso legalista. Les gustaría ver al *evangelio de Jesucristo* ocupar el lugar central en nuestra visión cristiana de la sociedad y el Estado. O, lo que es peor, rara vez parecen estar interesados en la sociedad, en el Estado, en la cultura, en la ciencia, en absoluto. Parecen estar interesados sólo en la salvación de las almas (Santiago 1:21; 1 Pedro 1:9, 22; cf. Mateo 11:29; 2 Corintios 12:15).

En cierto sentido, puedo estar de acuerdo con todos aquellos que quieren colocar el evangelio en el centro de todo el pensamiento cristiano. Pero, ¿qué implica exactamente ésto? ¿No tienen muchos cristianos creyentes en la Biblia una idea muy estrecha del contenido y alcance de "el" evangelio?

En Lucas 24:47, el Señor resucitado anuncia que "se predicará en su nombre el arrepentimiento para el perdón de los pecados a todas las naciones". Esa es una descripción muy conocida y familiar del evangelio: se trata del pecado, el arrepentimiento, el perdón y la salvación. Si le preguntaras al cristiano creyente promedio que resumiera "el" evangelio en sólo unas pocas palabras, muy probablemente escucharías palabras como pecado, expiación a través de la cruz de Jesús, perdón, salvación eterna. Como un teólogo reformado una vez me preguntó en un programa de radio, "¿No estás de acuerdo conmigo, Willem, en que todo el evangelio se puede resumir en dos palabras, 'pecado' y 'gracia'?" Me sentí muy triste por él al tener que responder: "No, lamentablemente no puedo estar de acuerdo".

¡Ahora, por favor, entiéndeme bien! Ciertamente deberíamos seguir predicando el evangelio del perdón para pobres pecadores por la gracia de Dios, sobre la base de la obra redentora de Cristo. Es un evangelio importante y hermoso. ¡Pero no es el evangelio completo! No quiero decir esto en absoluto en el sentido unilateral que las iglesias del Evangelio Completo han dado a esta frase. No, me refiero a lo que Jesús dijo en su sermón sobre las últimas cosas (Mateo 24:14):

"este *evangelio del reino* se predicará en todo el mundo como testimonio a todas las naciones, y entonces vendrá el fin", es decir, el fin de la era presente, en la segunda venida de Jesús (v. 3). Aquí, Jesús se refiere al "evangelio del Reino" que iba a ser predicado a todas las naciones. ¿Cuántos cristianos creyentes en la Biblia podrían dar fácilmente un breve resumen de *esta* (parte del) evangelio? Quieren que el evangelio ocupe el lugar central en nuestra visión de la sociedad, el Estado y la política cristiana. Bien. Pero entonces, que sea el evangelio del Reino.

Al final del evangelio según Mateo, Jesús mismo dio un breve resumen de este mismo evangelio (sin ninguna referencia al pecado, la expiación y el perdón; *esa* referencia estaba reservada para Lucas 24): "Toda autoridad me ha sido dada en el cielo y en la tierra. Por tanto, vayan y hagan discípulos de todas las naciones, bautizándolos en el nombre del Padre y del Hijo y del Espíritu Santo, enseñándoles a obedecer todo lo que les he mandado" (Mateo 28:18-20). En resumen: Yo soy el Rey de los cielos y la tierra. *Por lo tanto*, a la luz de este hecho abrumador y abarcador, vayan a todas partes y desafíen a todas las personas en todo el mundo a tomar partido por *ese* Rey, en contra del reino de satanás. Inviten a las personas a convertirse en seguidores de este nuevo Rey. Lo hacen a través del bautismo (mediante el cual los seguidores futuros simbólicamente pasan de un reino a otro), y posteriormente a través de la enseñanza.

Este es un punto vital. ¿*Qué* se va a enseñar en el Reino, en el "otro lado" del bautismo? Podríamos pensar en todo tipo de lecciones que deben enseñarse a los jóvenes seguidores de Jesús, pero observa lo que Jesús dice aquí: "enseñándoles a *obedecer todo lo que les he mandado*". ¡Enseñen a estos jóvenes cristianos mis mandamientos! Por eso, los padres cristianos deben criar a sus hijos "en la disciplina y la instrucción del Señor" (Efesios 6:4). Observa, no sólo Jesús, sino *el Señor*, como el que tiene o quiere tener toda autoridad sobre sus vidas. "En su corazón honren a Cristo como Señor" (1 Pedro 3:15).

Jesús habló sobre sus mandamientos varias veces, especialmente a sus discípulos durante la última noche de su vida terrenal: "Un mandamiento nuevo les doy: que se amen unos a otros; como yo los he amado, también ustedes deben amarse unos a otros. De este modo todos sabrán que son mis discípulos, si se aman unos a otros" (Juan 13:34-35). Esta es la Constitución básica del Reino, la "ley real", es decir, la ley del Rey: "Ama a tu prójimo como a ti mismo" (Santiago 2:8; cf. Levítico 19:18).

"Si me aman, obedecerán mis mandamientos...El que tiene mis mandamientos y los obedece, ese es el que me ama. Y al que me ama, mi Padre lo amará, y yo también lo amaré y me manifestaré a él...Si alguien me ama, obedecerá mi palabra; y mi Padre lo amará, y haremos nuestra vivienda en él" (Juan 14:15, 21, 23). Jesús no sólo dijo "Ama a tu prójimo", sino "Ámame *a mí*". Eso es igualmente vital para el Reino de Dios: amor por el Rey.

"Si obedecen mis mandamientos, permanecerán en mi amor, así como yo he obedecido los mandamientos de mi Padre y permanezco en su amor. ...Mi mandamiento es este: Que se amen los unos a los otros como yo los he amado. Nadie tiene amor más grande que el dar la vida por sus amigos. Ustedes son mis amigos si hacen lo que yo les mando. ...Esto les mando: que se amen los unos a los otros" (Juan

15:10, 12-14, 17). Es decir, la "amistad" (intimidad con Cristo) se une a los "mandamientos" (obediencia a Cristo).

Los mandamientos de Dios

El evangelio cristiano no trata sólo sobre el perdón y el ir al cielo, aunque estos son asuntos importantes, sino sobre el discipulado, sobre seguir a Jesús en un mundo que lo rechazó. Se trata de aceptarlo, no sólo como tu Salvador, sino como tu Señor. Los dos son inseparables. No puedes aceptarlo como Salvador, para llegar al cielo, y al mismo tiempo negarte a aceptarlo, seguirlo y obedecerlo como Señor en esta tierra. "[S]i confiesas con tu boca que *Jesús es Señor* y crees en tu corazón que Dios lo levantó de entre los muertos, serás salvo" (Romanos 10:9, énfasis añadido). No sólo lo sigues, sino que el verdadero discípulo quiere llegar a ser *como* él: "Suficiente es para el discípulo ser como su maestro" (Mateo 10:25).

Incluso fue el plan de Dios para ti desde la eternidad: "A los que Dios ya conocía de antemano, también los predestinó a ser hechos semejantes a la imagen de su Hijo" (Romanos 8:29). Dios "nos escogió en él [es decir, en Cristo] antes de la creación del mundo, para que fuéramos santos y sin mancha delante de él" −como Cristo (Efesios 1:4). "Todos nosotros, que con el rostro descubierto reflejamos como en un espejo la gloria del Señor, somos transformados a su semejanza con más y más gloria por la acción del Señor, que es el Espíritu" (2 Corintios 3:18 NVI).

El cristianismo no se trata tanto de esperar ir al Paraíso cuando mueras (cf. Lucas 23:43), sino de esperar "nuestra bendita esperanza, la manifestación de la gloria de nuestro gran Dios y Salvador Jesucristo" (Tito 2:13). Por favor, recuerda: los santos en el Paraíso, y Jesús mismo, a la diestra de Dios en gloria, ¡todavía no han alcanzado su destino final! Por el contrario, todos están *esperando* lo mismo que *estamos* esperando: Jesús está "esperando desde entonces [su ascensión] hasta que sus enemigos sean puestos por estrado de sus pies" (Hebreos 10:13). En esa era por venir, los creyentes reinarán con Cristo (1 Corintios 6:2; Apocalipsis 5:10; 20:4, 6). Pero en la era presente, los creyentes son *súbditos* de Cristo en su Reino. Y como tales, es de la mayor importancia para ellos conocer las reglas de ese Reino.

Como súbditos, los cristianos deben —y están felizmente dispuestos a— someterse a los mandamientos de Cristo. De hecho, sólo encontramos un sólo mandamiento explícito de Jesús: "Ámense unos a otros", citado anteriormente. Pero el hecho de que hablara en plural —"mis mandamientos"— indica que hay muchos más mandamientos de Jesús, de los cuales el Mandamiento del Amor es el núcleo mismo y la nota más alta. El apóstol Pablo señala: "Lo que realmente importa es obedecer los mandamientos de Dios" (1 Corintios 7:19 NVI). En el libro del Apocalipsis, el pueblo de Dios es descrito como aquellos "que obedecen los mandamientos de Dios" (12:17; 14:12). Aquellos que, con un corazón regenerado y amoroso, en el poder del Espíritu Santo, hacen "la voluntad de mi Padre que está en los cielos" son aquellos que "entrarán en el Reino de los cielos" (Mateo 7:21).

Justificados para producir justicia

Este asunto toca el corazón de la Reforma. Somos justificados (hechos justos) por la fe sola. ¡Qué descubrimiento exquisito! Pero lo que algunos hijos de la Reforma parecen olvidar a veces es que una fe que no resulta en guardar amorosamente las reglas del Reino de Dios *no es una verdadera fe en absoluto* (cf. Rom. 2:13; Gál. 5:6; Stg. 2:14-26). O en palabras de Jesús: "Por tanto, cualquiera que infrinja uno de estos mandamientos menos importantes y enseñe a otros a hacer lo mismo, será considerado el menor en el reino de los cielos; pero cualquiera que los practique y enseñe será considerado grande en el reino de los cielos. Porque les digo que a menos que su justicia supere la de los fariseos y los maestros de la ley, nunca entrarán en el reino de los cielos" (Mateo 5:19-20). En otras palabras, has sido justificado (hecho justo) por fe para *manifestar* esta justicia. (En este sentido, el sufijo "-ficación" en *justificación* y *santificación* proviene del latín *facere*, "hacer"; esto se refleja en las palabras en neerlandés *rechtvaardigmaking* y *heiligmaking*, que incluyen la idea de hacer justo o santo, respectivamente).

Por otro lado, si no hay esta justicia práctica en la vida de un cristiano, uno puede preguntarse seriamente si esa persona fue verdaderamente justificada (hecha justa) por fe en primer lugar. Las epístolas del Nuevo Testamento están llenas de esta justicia práctica que es el fruto de la nueva vida en el creyente: "[P]resenten sus miembros a Dios como instrumentos para la justicia" (Rom. 6:13; cf. vv. 16-18); "ahora presenten sus miembros como esclavos de la justicia que lleva a la santificación" (v. 19); "...llenos del fruto de justicia que viene por medio de Jesucristo" (Fil. 1:11; cf. Stg. 3:18). "Pero tú, hombre de Dios, huye de todo esto, y sigue la justicia, la piedad, la fe, el amor, la perseverancia y la amabilidad" (1 Tim. 6:11; cf. 2 Tim. 2:22). En resumen, el Reino de Dios es un reino de (muy práctica) "justicia, paz y gozo en el Espíritu Santo" (Romanos 14:17).

Ahora, ¿realmente crees que los mandamientos de Dios son sólo aquellos que se mencionan explícitamente en las Escrituras? Definitivamente creo que también comprenden sus mandamientos establecidos en su creación, los mandamientos que a veces la gente llama "órdenes creacionales". No se pueden leer tan fácilmente como las ordenanzas de Dios en las Escrituras; tienes que poner más esfuerzo en obtener conocimiento de ellos. Pero eso no altera el hecho de que, para un discípulo de Jesús, estos mandamientos contenidos en la creación son tan vitales como cualquiera de los mandamientos escritos. Conocemos a Dios *y sus mandamientos*, tanto a través de la naturaleza como de las Escrituras (cf. Confesión Belga, Art. 2).

En mi libro, *"Sabiduría para los pensadores"*, (p. 76) utilicé el ejemplo de Isaías 28:24-26. En este pasaje vemos que es Dios quien instruye al agricultor sobre cómo debe trabajar su tierra, pero en la práctica el agricultor aprende esto prestando atención a las leyes naturales, que son leyes *divinas*, que se manifiestan en cada cultivo. El agricultor aprende del Legislador, no por palabras literales que este último hable, ni leyendo la Biblia, sino prestando atención a su ordenamiento legal, establecido en la creación. Ésta es la forma en que los discípulos de Jesús también aprenden de Dios, a lo largo de las edades. Las leyes que deben obedecer sus discípulos no necesariamente se encuentran explícitamente en las Escrituras, también pueden encontrarse en la creación de Dios, si sólo la estudiamos cuidadosamente. "El que *tiene* mis mandamientos y los guarda ...", dice Jesús (Juan 14:21, cursivas añadidas). Primero debes *tenerlos* antes de poder guardarlos. A veces son fáciles de "tener", otras veces requieren cierta cantidad de estudio.

"¿No les enseña la misma naturaleza ...?" (1 Corintios 11:14). Aplicado al tema de una visión cristiana del Estado, esto significa que tal visión cristiana no puede derivarse simplemente de un número selecto de versículos bíblicos. Eso sería biblicismo, el cual a menudo también implica que en los versículos citados se fuerzan algunas ideas preconcebidas sobre lo que debe ser el Estado. No, si quieres entender qué es el Estado, o qué debe ser, *aprende de la naturaleza misma del Estado*. Es decir, analiza el fenómeno del Estado, así como las muchas formas que el Estado ha tenido a lo largo de la historia, y hazlo a la luz de una vista cristiana-filosófica coherente de la realidad cósmica (ver nuevamente mi libro "*Sabiduría para los pensadores*"). Sólo de esta manera, puedes tener una idea de la divina ordenanza para la creación concerniente al Estado.

Crítica

Veamos este problema del biblicismo un poco más de cerca. A veces, la doctrina del Estado cristiano tal como la he presentado hasta ahora, o formas similares de ella, ha sido criticada por partir de una doctrina filosófica, y no simplemente de las Escrituras. Si hiciéramos lo último, se argumenta, entonces el énfasis se colocaría mucho menos en algún sistema de creencias, o alguna visión de la sociedad, o alguna doctrina del Estado, y mucho más en la renovación del corazón, la experiencia interna de la salvación. Desde allí, la renovación interna conduciría de la manera más natural a una renovación de la sociedad, incluida la vida política.

A veces, esta crítica se expresa de la siguiente manera: los neocalvinistas construyen su visión del Estado sobre la creación, mientras que los calvinistas clásicos y los evangélicos construyen su visión del Estado sobre la re-creación, y sobre la "culminación de las edades". Los neocalvinistas miran hacia atrás (a la creación), mientras que los calvinistas clásicos y los evangélicos miran hacia adelante (a la re-creación). Tales objeciones críticas son muy importantes para un estudio sobre el Estado y el Reino de Dios. Merecen atención cuidadosa. Permíteme seguirlos uno por uno.

En primer lugar, no debemos hacer un contraste simplista entre la filosofía y las Escrituras. ¿Cómo crees que podrías basar una doctrina bien desarrollada del Estado directamente en versículos bíblicos? Como he explicado repetidamente, la Biblia no contiene doctrinas y teorías. No puedes sacar una politología, o ciencia política, completamente desarrollada de la Biblia porque esta no contiene una. Diseñar una ciencia política cristiana es un trabajo difícil, y no hay forma de evitar que dicha ciencia se base en una visión filosófica cristiana de la realidad y el conocimiento.

En segundo lugar, la renovación del corazón no lleva automáticamente a una renovación de la vida política. Esto sólo ocurrirá *si tienes una idea clara de cómo debería ser una renovación cristiana de la vida política.* En ninguna parte de la historia una renovación del corazón como tal ha llevado a una renovación de la vida política a menos que los pensadores cristianos desarrollaran ciertos modelos sobre cómo debería ser un Estado cristiano. Cuando fallaron en hacerlo, incluso cuando sus corazones estaban renovados, los pensadores cristianos simplemente asumieron las ideas estatales paganas o semicristianas que los rodeaban; estas ideas fueron cristianizadas un poco, pero no fueron reformadas.

En tercer lugar, el contraste entre un enfoque teórico y un enfoque que comienza con el corazón renovado es falso. Es simplemente una variedad del viejo contraste entre estructura y dirección, una confusión que ha plagado el pensamiento cristiano durante mucho tiempo. La doctrina de la creación y las ordenanzas creacionales, la doctrina del Estado, etcétera, involucran la estructura *horizontal* de la realidad cósmica. El asunto de la renovación interna y la experiencia interna de la salvación involucran la dirección *vertical* de la existencia humana. Estas dos dimensiones no pueden enfrentarse entre sí. El pensamiento cristiano debería poner tanto énfasis en las ordenanzas creacionales (horizontal), por un lado, como en la vida interna del alma regenerada (vertical), por el otro.

En cuarto lugar, ningún cristiano construye su doctrina del Estado sólo sobre la noción de creación o sólo sobre la noción de re-creación. Los dos no pueden ser contrastados porque forman un todo. Donde las personas intentan separar los dos, pronto descubrimos que tales personas aún están atrapadas en el antiguo dualismo de Naturaleza-Gracia escolástico, ¡que es precisamente lo que estamos tratando de combatir! El pensamiento católico romano y protestante tradicional (es decir, escolástico) ha sufrido lo suficiente bajo la división escolástica entre creación y redención, entre tierra y cielo, entre cuerpo y alma, entre Estado e iglesia, entre revelación general y especial, entre el reino del poder de Dios y el reino de la gracia de Dios, entre providencia y predestinación, etcétera.

Las personas que caen en esta trampa generalmente posponen la radicalidad del Reino de Dios hasta el futuro de la segunda venida de Cristo y el establecimiento del Reino Mesiánico, y limitan el Reino de Dios en el tiempo presente a la vida piadosa interna del alma, o a la iglesia (invisible). Lo que queda para la vida social y política cotidiana es, en el mejor de los casos, la bondad general de Dios (cf. Mateo 5:45; Hechos 14:17), que mantiene las ordenanzas creacionales también. Por supuesto, se piensa que estas últimas ayudan a promover la salvación de Dios, pero se supone que ellas mismas no pertenecen a este plan de salvación. De esta manera, se mantiene lamentablemente la brecha entre la creación (original) y la re-creación (como parte del plan de salvación).

Elevación

El pensamiento cristiano radical ha roto fundamentalmente con todos estos falsos contrastes y dualismos. Está firmemente basado tanto en la noción bíblica de creación como en la noción bíblica de re-creación. Estos dos nunca pueden considerarse por separado porque, como dije antes, es la re-creación (renovación, restauración, elevación) de esta creación lo que Dios tiene en mente. *La creación* va a ser liberada (Romanos 8:18-22), pero *nosotros* no vamos a ser liberados de la creación. Es imposible separar la creación y el Reino de Dios porque de eso se trata el Reino de Dios: la elevación de *esta* creación por Jesucristo, a través del Espíritu Santo, para la gloria de Dios Padre. Será un *nuevo* mundo, pero no en el sentido de un reemplazo sino de una renovación de *esta* creación.

Esto no implica una restauración circular, por así decirlo, como si al final, en la "culminación de las edades", volviéramos a Génesis 1, y como si todo pudiera comenzar de nuevo. Eso sería casi un insulto a Dios: le lleva al hombre cinco minutos arruinar la creación de Dios, y le lleva a Dios miles de años restaurar todo a su estado original. No, por eso utilicé la palabra *elevación*; será una restauración "espiral": al final estaremos de vuelta en el Paraíso, pero en un nivel infinitamente más alto que al principio. No disfrutaremos de una creación "otra", sino de la elevación de *esta* creación. En su

Enquiridión, el gran padre de la iglesia, Agustín, habló de la *felix culpa*, la "caída afortunada": "Dios juzgó que era mejor sacar el bien del mal que no permitir que existiera ningún mal". Su maestro, Ambrosio, también habló de la "ruina afortunada" de Adán en el Jardín del Edén, en el sentido de que su pecado trajo más bien a la humanidad de lo que hubiera ocurrido si hubiera permanecido perfectamente inocente. La elevación de la creación de Dios ocurre a través de la caída y la redención. Pero seguirá siendo *esta* creación. Por lo tanto, las ordenanzas para la creación siguen siendo muy relevantes.

Como ejemplo de cómo podemos extraviarnos, cito a Oepke Noordmans, uno de los teólogos neerlandeses más conocidos del siglo XX. Afirma que sólo Génesis 1 y 2 hablan sobre la creación, y el resto de la Biblia habla sobre la re-creación. Otros teólogos reformados han rechazado tal formulación, y creo que con razón. *Toda* la Biblia trata sobre *esta* creación, sobre *su* redención y renovación en y a través de Jesucristo. Tal afirmación parece indicar cuánto presupone el pensamiento de Noordmans, y el de muchos teólogos que le siguieron, aún el dualismo escolástico Naturaleza-Gracia. Repito: la re-creación siempre concierne a la redención y renovación de *esta* creación.

Por el contrario, aunque nos enfocamos en *esta* creación, esto no significa que la veamos sólo en su forma presente, como "en los dolores del parto" como consecuencia de la caída. No, aprendemos a verlo desde la perspectiva de la re-creación, es decir, del Reino de Dios. Al desenmascarar el dualismo escolástico, ya no separaremos la creación y la re-creación, ni siquiera las colocaremos en yuxtaposición. Por el contrario, se retienen en una sola perspectiva redentora, en la que la creación ya no puede ser aislada de la re-creación, como si todavía estuviéramos en Génesis 1, y la re-creación ya no puede ser aislada de la creación, como si las ordenanzas para la creación ya no tuvieran importancia.

Qué gracia sería si los cristianos que creen en la Biblia predicaran no sólo el evangelio de la gracia de Dios para los pobres pecadores, sino también el evangelio del Reino, como el Señor nos pidió. ¿Es nuestro único mensaje el evangelio para la salvación de las almas, sin ninguna contribución para la *totalidad* de la vida cristiana? ¿Cuál es la contribución de los evangélicos a la ciencia, a las artes, a la cultura, a la sociedad, a la política? Hoy en día hay países en África donde, a través de un intenso trabajo misionero, se han ganado la mayoría de las almas para Cristo, al menos exteriormente. Pero ya ahora vemos la inminente perspectiva de que, si el evangelio afecta sólo a las almas, y no a la cultura, la sociedad, la política, entonces dentro de algunas generaciones muchas de estas almas se convertirán al islam. Esto sucede porque *no* es cierto que la renovación salvífica de las almas afecte y renueve automáticamente la sociedad.

Agradezco el énfasis de los evangélicos en la redención, en el mundo venidero, en su celo por la predicación del evangelio, por su énfasis en la obra del Espíritu Santo, en la renovación de la vida espiritual de individuos y familias. También estoy agradecido por cualquier énfasis reformado en *esta* creación, en las ordenanzas creacionales, en la obra del Espíritu de Dios en la cultura, la sociedad y la política. Quizás a veces hay demasiado énfasis reformado en la estructura, y demasiado énfasis evangélico en la dirección. En este sentido, los dos podrían aprender maravillosamente el uno del otro y complementarse mutuamente.

La estructura del Estado

Repito, una de las muchas ordenanzas creacionales que Dios ha dispuesto en la creación concierne al Estado. Tal ordenanza es siempre un principio, es decir, una constante, un *principium* atemporal (literalmente, "comienzo"), un punto de partida para la realización de este principio en un cierto tiempo y un cierto contexto cultural e histórico. Un principio constitutivo de la creación siempre mantiene su urgente apelación para nosotros, incluso si la realización práctica de este cambia todo el tiempo. El *conservadurismo* es la visión política que se aferra a una forma específica del Estado limitada en el tiempo porque confunde esta forma específica con el principio creacional subyacente. El *progresismo* se esfuerza por cambios en una forma existente del Estado, pero sin prestar atención a este principio normativo y constante estructural para el Estado.

Si creemos que el Estado es un don creacional, esto simplemente se sigue del testimonio bíblico de que hay autoridades gobernantes y ciudadanos comunes, que toda autoridad gobernante ha sido establecida por Dios, y que las autoridades son "servidores de Dios" (Romanos 13:1-7). Pero simplemente referirse a un pasaje así no es suficiente. En la época de Pablo, Roma tenía un emperador cruel y opresivo, y esto ciertamente no era lo que Dios tenía en mente para el pueblo. Por lo tanto, en Romanos 13, Pablo *no* está necesariamente aprobando la forma en que se realizó concretamente el principio (es decir, constitutivo de la creación) del Estado en el imperio romano de su época. Más bien, usando mis términos, Pablo se está refiriendo al principio atemporal subyacente del Estado tal como Dios lo había dado originalmente. Un Estado es un Estado, y como tal debe ser obedecido, incluso

si es una realización malvada del buen principio que Dios
había establecido. En otras palabras, no leeremos correctamente Romanos 13 si no distinguimos conscientemente
entre el *principio* del Estado y su *realización* práctica de ese
principio. El primero siempre es bueno porque fue dado por
Dios; el segundo puede ser muy malo.

Si el Estado es de hecho una institución de Dios, esto significa que su estructura básica no ha sido diseñada o inventada
por el hombre. Lo mismo ocurre con otras relaciones institucionales: el matrimonio, la familia y la iglesia. La estructura
normativa del Estado, este modelo divino para el Estado, está
anclada en el orden creacional, es preexistente, el hombre
no puede cambiarla. Pero lo que *puede* cambiar es la realización práctica de este modelo. Incluso hay muchas maneras
en que este modelo puede ser instanciado o realizado. Es
como el plano de una casa: puedes construir esa casa en
muchas formas diferentes, con muchos materiales y colores
diferentes, en muchos entornos diferentes; incluso puedes
desviarte del plano en muchos detalles; pero el plano en sí
siempre permanece igual.

En mi libro *"Sabiduría para los pensadores"*, (ver capítulo 4),
expliqué la diferencia entre el lado de la ley y el lado del
sujeto de la realidad. El modelo normativo de Dios para el
Estado es el Estado según su lado de la ley; es por eso que
hablé de un principio, una ley estructural. Las realizaciones
concretas de este modelo, tal como las lleva a cabo el hombre
en un cierto tiempo y lugar, es el Estado según su lado del
sujeto o lado factual. La estructura normativa del Estado,
es decir, el Estado según su lado de la ley, es constante,
inmutable. Pero las formas realizadas del Estado, es decir,
el Estado según su lado sujeto, son muy cambiantes. Esta

diversidad se debe a la libertad dada por Dios al Hombre. Según su "capacidad de respuesta", el hombre responde al principio preexistente de Dios de alguna manera u otra. A veces, el hombre hace esto de manera experta, es decir, cuando la forma del Estado se mantiene cerca del ideal de Dios tal como se expresa en el principio normativo. A veces, el hombre lo hace de manera muy mala, de modo que el Estado no es más que una caricatura del plano de Dios.

La forma más ideal de realizar prácticamente el plano de Dios se ve en el Reino de Dios. Aquí nuevamente vemos la conexión interna entre creación y re-creación: la forma del Estado tal como se realiza en el Reino de Dios se basa en el principio normativo del Estado tal como fue originalmente dado en la creación. En el Reino de Dios, hay una autoridad suprema, hay súbditos, hay leyes dadas por el Rey que deben ser obedecidas por sus súbditos. Por amor puro, el Rey busca lo mejor para sus súbditos, y por amor puro sus súbditos están ansiosos por servirle. El *principio* del Estado es el mismo para todos los Estados, buenos o malos; la *forma* del Estado es la de una monarquía absoluta perfecta.

Subjetivismo estatal

Si las personas han olvidado el principio estatal normativo como dado por Dios, si ya no tienen idea del lado de la ley de la realidad, invariablemente intentan encontrar la norma para el Estado en el lado del sujeto. Esto es lo que podríamos llamar *subjetivismo estatal*. Básicamente, sólo hay dos formas de este subjetivismo: el *individualismo*, donde el individuo es el punto de partida para esta forma de Estado, y el *colectivismo*, en el que una relación societal (el Estado en sí, o la iglesia, o "el pueblo") se convierte en el punto de partida para establecer el Estado.

El individualismo se originó en la baja Edad Media, junto con el llamado nominalismo (la doctrina de que los principios universales existen sólo en la mente humana), y se convirtió en el punto de partida para el liberalismo clásico (incluyendo el libertarismo de hoy) en todas sus diversas formas. En esta visión, sólo se acepta al individuo como realidad verdadera; se considera que cada relación social no es más que la mera suma de individuos. No se acepta ningún plano normativo preexistente para ninguna relación social. El hombre realiza el Estado según sus propias elecciones libres y autónomas. Aquí "autónomo" significa que las elecciones del hombre están ancladas en el individuo independiente, y no, por ejemplo, en algún orden creacional que esté fuera del individuo y que lo atraiga con autoridad divina. En esta visión, en realidad ya no es el presidente o primer ministro quien tiene la autoridad más alta, sino el individuo, que es responsable ante nadie más que ante sí mismo. En la medida en que el individuo debe rendir cuentas a las autoridades y jueces, puede aceptarlo porque son los individuos ("votantes") quienes voluntariamente han puesto a estas autoridades y jueces en su lugar, y permanecen en sus cargos siempre que así lo deseen los votantes. Detrás de esto subyace la idea de la soberanía popular, discutida en el capítulo 4.

La segunda alternativa posible para una doctrina de ordenanzas creacionales es, como dije, el *colectivismo*. Este enfoque no parte de ninguna estructura normativa preexistente (en el lado de la ley), ni del individuo, sino de ciertas comunidades *colectivas* concretas en la realidad (en el lado del sujeto), que luego se absolutizan. Una de estas comunidades se coloca por encima de las otras. Los ejemplos más conocidos de estas comunidades absolutizadas son los siguientes. (a) El Estado en sí mismo; en la antigüedad esto fue defendido por los filósofos Platón y Aristóteles, en tiempos modernos por socialistas o socialdemócratas. (b) La iglesia, tal como se concibe en la doctrina tradicional romano-católica del Estado; el resultado es el Estado-iglesia. (c) El pueblo (alemán: *das Volk*), tal como se concibió en el nacional-socialismo alemán; el resultado es el Estado popular. (d) El "proletariado mundial", cuando algún día haya triunfado en la "lucha de clases", lo que, curiosamente, al mismo tiempo implicará el fin del Estado como tal (marxismo). Todas las demás comunidades, como familias, escuelas, asociaciones, etc., se consideran secundarias, "partes orgánicas" del Estado, o el Estado-iglesia, o el Estado popular, o el Estado comunista.

Tanto en el individualismo como en el colectivismo, se pierde por completo la naturaleza única e irreducible de cada relación societal. El individualismo básicamente niega esta naturaleza, el socialismo (y la doctrina tradicional romano-católica del Estado) somete estas comunidades al Estado (en el catolicismo romano tradicional: el Estado-iglesia). Tanto en el individualismo como en el colectivismo, la idea del Estado se busca no fuera del Hombre, en un orden creacional preexistente y normativo, es decir, *en Dios*, sino en el Hombre mismo. Esto caracteriza no sólo al individualismo (ver arriba), sino también al colectivismo, porque las doctrinas del Estado articuladas en la antigüedad y la Edad Media fundamentaron el Estado en la razón humana. Por supuesto, en las doctrinas estatales humanísticas, esta anclaje del Estado en el Hombre mismo es aún más obvio.

Todas estas doctrinas del Estado, no importa cuán diferentes sean, tienen una cosa en común: niegan las ordenanzas creacionales, es decir, niegan la ley de Dios. El Hombre subjetivo reemplaza a Dios como Creador y Legislador. Para los cristianos, sólo veo estas tres opciones: (a) aceptar la ley divina, y por lo tanto las ordenanzas creacionales, o (b) caer en la trampa del biblisismo (es decir, construir algún tipo de Estado sobre la base de versículos bíblicos dispersos, lo que generalmente produce nada más que alguna idea secular del Estado), o (c) caer en la trampa del secularismo, es decir, fundamentar el Estado, no en la ley de Dios, sino en el Hombre.

Preguntas para revisión

1. ¿Cuáles son algunas implicaciones del "evangelio del Reino" para el mensaje de misión de la iglesia?

2. Basándose en este capítulo, explique qué significa enseñar a los bautizados todo lo que Jesús ha mandado.

3. ¿Por qué la justificación y la santificación son inseparables?

4. ¿Por qué es importante nuestro estudio de la historia, la ciencia y la creación para conocer los mandamientos de Dios?

5. ¿Cuáles son tres objeciones que algunos plantean contra basar una vista cristiana del Estado en una filosofía de creación en lugar de en las Escrituras?

6. ¿Cuáles son cuatro respuestas a estas objeciones identificadas para la pregunta 5?

7. ¿Por qué se deben mantener unidas la creación y la re-creación, por el bien de la teoría política cristiana?

8. ¿Por qué es importante distinguir entre la estructura normativa del Estado y las realizaciones históricas de esa estructura?

9. ¿Qué formas históricas del Estado han surgido tanto del individualismo como del colectivismo? ¿Por qué ambos "ismos" son equivocados?

CAPÍTULO VIII

EN RUTA HACIA EL REINO

A menudo se ha afirmado que la idea cristiana del Estado presupone el pecado. Se sostiene que si no hubiera habido una caída en el pecado, no se habría necesitado ningún Estado. Por lo tanto, se menciona al Estado en su forma más elemental por primera vez después del diluvio de Noé (Gén. 9; pero entonces, ¿por qué no directamente después de la caída en Gén. 3?). La Confesión Belga parece abrazar la misma idea en el Artículo 36: "Creemos que *debido a la depravación de la raza humana* nuestro buen Dios ha ordenado reyes, príncipes y funcionarios civiles. Quiere que el mundo sea gobernado por leyes y políticas para que la *maldad* humana sea restringida y que todo se lleve a cabo en buen orden entre los seres humanos" (cursivas añadidas). Esto no excluye necesariamente la idea del Estado como una ordenanza creadora, pero la formulación es ciertamente llamativa.

Por cierto, la Confesión de Westminster, Capítulo 23.1, tiene un enfoque mucho más positivo sobre la función del Estado: "Dios, el Señor supremo y Rey de todo el mundo, ha ordenado magistrados civiles para estar, bajo él, sobre el pueblo, para su propia gloria y el bien público; y, con este fin, los ha armado con el poder de la espada, para la defensa y el estímulo de aquellos que son buenos, y para el castigo de los malhechores".

Diversas fundaciones

Aquellos que sostienen que el Estado existe básicamente para restringir el mal señalan a Romanos 13, especialmente v. 4b: "si haces lo malo, teme; porque no lleva en vano la espada, pues es servidor de Dios, vengador para castigar al que hace lo malo". Sin embargo, el pasaje en su conjunto deja claro que el Estado es mucho más que eso: las autoridades elogian a quienes hacen lo correcto (v. 3), son servidores de Dios para el bien del pueblo (v.4a), recaudan impuestos (vv. 6-7), con los cuales hacen mucho más que simplemente restringir el mal. Encontramos ambos lados en 1 Pedro 2:14, "…gobernadores enviados por él [es decir, el Señor] para castigar a los malhechores y para alabar a los que hacen el bien".

En la conocida tríada *creación-caída-redención* encontramos tres posibles explicaciones para un concepto de la fundación del Estado:

(a) *creación*. Este es el punto de vista que defiendo en este libro. El Estado está fundamentado en una ordenanza creadora. Evidencia bíblica directa para esto se encuentra en Génesis 1:26-28, donde Dios dice primero: "Hagamos al ser humano a nuestra imagen, según nuestra semejanza. Que tenga *dominio* sobre los peces del mar, y sobre las aves del cielo, y sobre los animales domésticos, y sobre toda la tierra, y sobre todo reptil que se arrastra sobre la tierra" (NVI). Después de crear a Adán y Eva, les dijo: "Fructificad y multiplicaos; llenad la tierra, y sojuzgadla, y *señoread* en los peces del mar, en las aves del cielo, y en todas las bestias que se mueven sobre la tierra" (NVI; cursivas añadidas). Esto sólo puede significar que, desde el principio, Adán y Eva fueron llamados a ser rey y reina de la creación.

(b) *Caída*. Esta es la idea de que el Estado presupone la caída; en otras palabras, que el Estado ha sido instituido para restringir el mal (ver arriba, el ejemplo de la Confesión Belga). Podríamos argumentar que la noción de "poder de la espada" en Romanos 13 apoya esta concepción. Yo diría más bien que el poder de la espada se ha *añadido* al mandato del Estado después de la caída, y debido a la caída. Esto no cambia el hecho de que el gobierno terrenal como tal ya estaba implícito en Génesis 1.

(c) *Redención*. La doctrina tradicional católica romana del Estado de hecho ha fundamentado su concepción del Estado en el motivo de la redención. La gracia redentora de Dios en Cristo se considera encarnada en la iglesia, la cual se considera la relación social dominante. Esta concepción presupone el dualismo de Naturaleza-Gracia. Desde la "historia superior" de la gracia, por así decirlo, la historia a la cual pertenece la iglesia, la luz de la gracia de Dios brilla hacia la "historia inferior" de la naturaleza, a la cual pertenece el Estado. Las nociones dualmente separadas de creación y re-creación ahora se convierten en motivos que se supone que están en una interacción dialéctica a lo largo de la historia mundial.

El orden creado y la caída

A estas alturas debería quedar claro que optamos por la posibilidad (a), es decir la creación, pero en estrecha coherencia con las nociones de caída y re-creación. La caída tuvo un efecto directo sobre el Estado en la medida en que se ve desde el lado del sujeto: muchas formas falsas de Estado se originaron en el corazón pecaminoso del hombre, incluyendo la arbitrariedad del Estado, la mala conducta, la violencia, la opresión, el terror, el nepotismo, el descuido de los débiles, etcétera.

Esto se trata de lo que han estado haciendo los Estados falsos; en cuanto a los sujetos, ha habido desobediencia, rebelión, anarquía, revolución, reacción, etcétera. En cierto sentido, la caída también tuvo un efecto en el lado ley del Estado: como mencioné anteriormente, al Estado como ordenanza creadora se le añadió el poder de la espada para restringir el mal.

Para entender mejor la distinción entre el lado ley y el lado del sujeto del Estado, veamos el efecto del pecado en el Estado tal como se describe en Romanos 13 y en Apocalipsis 13. En el primer pasaje, escrito en la época del cruel y terrorífico emperador Nerón, el apóstol Pablo presenta al Estado en una forma ideal, según su lado ley. Él no lo ve según su lado sujeto, es decir como el imperio al cual Nerón y sus predecesores realmente le dieron forma. Sin embargo, en Apocalipsis 13 vemos básicamente el mismo imperio romano (aunque en un contexto escatológico) como un Estado visto desde el lado sujeto, en su forma más antinormativa: blasfemia en lugar de servidumbre, un culto abierto a Satanás, mala conducta, violencia, opresión del pueblo de Dios, odio hacia Dios mismo.

Después de la caída en el pecado, Dios ha mantenido su orden creador. En mi libro, *Sabiduría para los pensadores* (ver p. 78), intenté explicar que el pecado nunca podría cambiar el orden nómico de Dios como tal, porque ese orden no es más que la Palabra de su propia boca. El pecado no afecta, y no puede afectar, las estructuras como tales, sino sólo la dirección del corazón humano, que funciona en todas estas estructuras. El pecado no afectó al Estado en el lado ley, sino sólo en el lado sujeto. Según el lado ley, el Estado sigue siendo "normal" porque su estructura nómica no ha cambiado. Según el lado sujeto, el Estado se ha vuelto "anormal" como consecuencia del pecado (Johan A. Heyns). En otras palabras, la antítesis radical entre el bien y el mal no funciona en lado ley sino en el lado sujeto de la realidad. Frente a la dirección orientada a Dios, encontramos la dirección apóstata. Tanto las familias, iglesias, Estados, escuelas, empresas, asociaciones, etcétera, orientadas a Dios, como las apóstatas están bajo el mismo orden nómico divino, pero funcionan desde diferentes direcciones de los corazones humanos. Tanto en los Estados orientados a Dios como en los Estados apóstatas, la estructura estatal normativa siempre permanece presupuesta, aunque el Estado apóstata viva en desobediencia como un parásito de la ley de Dios.

No puede haber tensión entre la creación de Dios antes de la caída y la re-creación de Dios después de la caída. La razón es que la buena creación de Dios antes de la caída apuntaba a un *shalom* completo, una bendición completa y una felicidad perfecta para la humanidad, en comunión con Dios y para su gloria. Era la vocación del hombre recorrer esta ruta de *shalom*, es decir la ruta del despliegue de todas las potencialidades de la creación, la ruta del mandato de Dios de trabajar la tierra y cuidar de ella (Gén. 2:15; cf. 3:23). Antes de que entrara el pecado en el mundo, *éste* era el 'camino de la vida' (ver la expresión en Prov. 5:6; Jer. 21:8; 1 Cor. 4:17; 6:4, aunque estos versículos se refieren al tiempo después de la caída). Después de que el pecado entró, este siguió siendo el mismo camino de la vida, pero ahora recorrido en el poder de la redención en Cristo, a través del Espíritu Santo.

La única Palabra creadora/re-creadora de Dios

Ésta es la razón misma por la cual la creación "en el principio" y el Reino de Dios en la "culminación de las edades" nunca pueden ser contrapuestos entre sí. Por supuesto, hay grandes diferencias entre el mundo como se habría desarrollado sin una caída —si podemos imaginar tal mundo— y el mundo como se desarrolló de hecho después de la caída. Pero esto no nos da motivo para fabricar un *contraste* entre la Palabra creadora de Dios y su Palabra redentora. Es una sola Palabra de Dios. Me refiero nuevamente al Artículo 2 de la Confesión Belga, "Lo conocemos [es decir, a Dios] por dos medios: primero, por la creación, preservación y gobierno del universo; ...Segundo, se da a conocer más clara y plenamente por su santa y divina Palabra, según lo que necesitamos en esta vida, para su gloria y nuestra salvación". No me opongo a esta confesión —que no es una exposición teórica del tema sino una confesión de fe práctica— mientras esta confesión preteórica no se traduzca en un esquema escolástico teórico de dos revelaciones diferentes.

Ya es hora en la filosofía cristiana, la teología cristiana y la ciencia política cristiana de que comience a funcionar la comprensión de que *todas las cosas* fueron creadas por Dios en, a través y para Cristo, que *todas las cosas* se mantienen unidas en Cristo, y que todas las cosas deben ser reconciliadas con Dios a través de Cristo (Col. 1:16-17, 20). Tres veces en un pasaje el apóstol Pablo habla de "todas las cosas", ¡y en los tres casos aparentemente son las *mismas cosas*! Sólo hay una creación de Dios, una revelación de Dios, una providencia de Dios y una redención de Dios.

La Palabra creadora de Dios nunca fue reemplazada por alguna Palabra re-creadora. El pecado no alteró la Palabra creadora de Dios como tal; lo que hizo fue lo siguiente:

(a) La Palabra creacional se ha convertido en una espada de doble filo, en el sentido de que no sólo señala el camino de la vida, sino que también implica juicio sobre el apóstata; es decir, aquellos que se desvían de ella en un espíritu de rebelión.

(b) En su propósito original, la Palabra creadora de Dios sigue siendo suficiente, pero ya no basta para la miseria causada por el pecado. Por lo tanto, no se reemplaza, sino que se extiende, o más bien, se "reformula" en la Palabra re-creacional o redentora de Dios (en la forma lingüística de las Escrituras). Así, es y sigue siendo la *única* Palabra de Dios en Cristo, a través de quien él ha creado, y a través de quien re-crea (Andree Troost).

Debido a esta continuidad absoluta de la Palabra creacional-/re-creacional de Dios, sus ordenanzas creadoras retienen completamente su fuerza. "Porque de cierto os digo que hasta que pasen el cielo y la tierra, ni una jota ni una tilde pasará de la Ley, hasta que todo se haya cumplido" (Mateo 5:18). Tenemos que ver con "la palabra viva y permanente de Dios. . . la palabra del Señor permanece para siempre" (1 Pedro 1:23, 25; recuerda, para Jesús y los apóstoles las "Escrituras" eran lo que llamamos el Antiguo Testamento). Así, la ley de Dios para el Estado no ha perecido. Menos aún se podría afirmar que el "hombre nuevo" ya no tiene nada que ver con el Estado y otras relaciones sociales, porque supuestamente pertenecen a la "vieja creación". Por el contrario, el apóstol Pablo describe al "hombre nuevo" como manifestándose prácticamente dentro de las buenas y viejas relaciones y comunidades formadas por la palabra creadora de Dios: no sólo la iglesia, sino también el matrimonio, la familia, el trabajo (Ef. 4:22–6:9; Col. 3:9–4:1). Hoy en día podría haber añadido la escuela, la empresa, la asociación y el partido político en sus exhortaciones muy prácticas.

Aquí nuevamente, podríamos confundir fácilmente estructura y dirección. La "nueva creación" no es una nueva estructura u orden estructural que reemplace el viejo orden, sino una renovación radical de la dirección del corazón humano. Como consecuencia, el hombre vive dentro del orden creado de Dios de una manera totalmente nueva, es decir, no dirigida al pecado sino orientada a Cristo.

Concepciones alternativas

En mi humilde opinión, aquellos que rechazan la doctrina de las ordenanzas para la creación no tienen alternativas viables. De hecho, conozco sólo dos alternativas básicas, que creo que deben ser rechazadas:

La primera alternativa es el Reino de Dios como *creatio continua* ("creación continua"). Esta idea implica un trabajo continuo de creación divina dentro de la historia humana, particularmente en lo que respecta a las relaciones sociales. Esto involucra la idea humanista de que la creación significa "el Creador creando creadores". Es decir, las acciones sociales e históricas del hombre a lo largo de la historia se identifican con los actos de creación continuos de Dios. Se considera que el hombre es el creador y re-creador de la sociedad determinada históricamente, incluido el Estado. Ostensiblemente esto ocurre bajo la supuesta guía providencial de Dios, pero de hecho es el hombre autónomo quien está activo. En otras palabras, Dios es totalmente pasivo; nunca interviene para detener las acciones políticas del hombre.

Entre otras cosas, esta visión ha llevado a una "teología revolucionaria" o "teología de la liberación", en la que se derrocan gobiernos y se destruyen instituciones estatales. Por lo general, esto ocurre con la aprobación de teólogos más o menos liberales. La idea es que Dios hace todas las cosas nuevas a través de las personas que, como socios de Dios, mejoran sus relaciones sociales. Las pautas para tales cambios se derivan no tanto de versículos bíblicos, sino de supuestos "principios generales" de la "nueva creación" o el "Reino de Dios" en su sentido escatológico, principios diseñados y formulados por el propio hombre. Con este fin, términos como "nueva creación" y "Reino de Dios" se toman en un sentido humanista, no derivado del inmutable orden de Dios para la creación. De esta manera, Dios se subordina a los esfuerzos autónomos del hombre hacia el Reino de Dios, visto como le plazca al hombre. Ya no hay ordenanzas creacionales fijas. Por el contrario, Dios (re)crea el mundo y establece su Reino a través de acciones humanas autónomas.

En lo que respecta a la idea de *creatio continua*, si bien aún reconoce una historia salvífica, ésta es en gran parte secularizada, ya sea en teología (semi-)marxista (inspirada en Ernst Bloch), en teología negra (James Cone), en teología feminista (Mary Daly), en teología de la liberación (Gustavo Gutiérrez), en la teología de la esperanza (Jürgen Moltmann), la teología del trabajo (Marie-Dominique Chenu), la teología de la sexualidad (Hermann Ringeling), la teología de la historia en sí misma (Wolfhart Pannenberg) y otras "teologías genitivas".

La segunda alternativa es la del Reino de Dios como *creatio nova* ("nueva creación"). Esta idea implica la idea equivocada de que, como expliqué antes, la nueva creación de Dios no es una restauración y elevación de la creación original sino una "nueva" creación en el sentido de un reemplazo de la anterior. En contra de esto, sostengo que la nueva creación no es ni un reemplazo de la vieja creación, ni una simple restauración en el sentido de un retorno a Génesis 1, sino una elevación de la creación presente.

La comparación con el cuerpo de resurrección puede ser útil aquí. Por un lado, este cuerpo será tan diferente de nuestro cuerpo viejo como lo es la nueva creación de la vieja creación. El cuerpo de resurrección ya no es "natural" sino "espiritual" (1 Corintios 15:44) (lo que no excluye la verdadera corporeidad; cf. Mateo 28:9; Lucas 24:36-43; Juan 20:27). Jesús pudo entrar a pesar de las puertas cerradas (Juan 20:19), y sus encuentros posresurrección tuvieron el carácter de una "aparición" (Marcos 16:9; Lucas 24:34; Juan 21:1, 14; cf. Hechos 1:3). Sin embargo, Pablo enfatiza que es *este* cuerpo mortal el que resucitará en la resurrección de los muertos (Romanos 8:11). Hay tanto continuidad como discontinuidad.

De manera similar, es *esta* creación la que será renovada, no importa cuán más gloriosa sea esa creación restaurada. Es esta creación la que Dios llevará a pleno desarrollo, desplegando y completando. Dios nunca abandona su creación original. Si la anulara reemplazándola, de hecho la abandonaría al pecado y a Satanás. En cierto sentido, eso implicaría un triunfo para Satanás, como expliqué antes.

Quizás debería agregar aquí algunas palabras sobre 2 Pedro 3:10, "Pero el día del Señor vendrá como ladrón, y entonces los cielos pasarán con estruendo, y los elementos serán quemados y disueltos, y la tierra y las obras que en ella hay serán expuestas (algunos manuscritos: serán quemadas)". Véase también Apocalipsis 20:11b, "Y huyeron de su presencia la tierra y el cielo, y ningún lugar se encontró para ellos", y 21:1, "Y vi un nuevo cielo y una nueva tierra, porque el primer cielo y la primera tierra habían pasado". Estos versículos parecen sugerir que el primer cielo y la primera tierra *desaparecen* por completo: "quemados", "disueltos", "huidos" y "pasados" son ciertamente términos contundentes. Sin embargo, aunque el cuerpo muerto casi se descompone por completo en la tumba, anteriormente cité a Pablo quien dijo que *este* "cuerpo mortal" resucitará. De manera similar, la tierra será disuelta, pero es *esta* tierra la que será restaurada. Recuerda, "quitar el pecado [no 'pecados', sino el *poder* del pecado] del mundo" (Juan 1:29) creará un cambio tan dramático que nunca volverá a ser el mundo "mismo" nuevamente. El mundo caracterizado por el pecado y Satanás desaparecerá por completo (arderá, se disolverá, huirá, pasará): "el mundo está pasando junto con sus deseos" (1 Juan 2:17). Pero, en mi opinión, esto no cambia en absoluto la continuidad básica entre el mundo antiguo y el nuevo. "[L]a creación *misma* será liberada de su esclavitud a la corrupción", dice Pablo (Romanos 8:21, énfasis añadido). No: la creación no será reemplazada, sino que será entregada.

El Reino de Dios y la historia

Hay una creación, una revelación creacional de Dios en Cristo, y la unidad y plenitud de esta revelación se despliega en la creación, redención y culminación de las eras. Por supuesto, esta unidad de la creación y de la revelación no excluye la diversidad de la historia de esta creación. Los eventos de la creación, caída, redención en Cristo, el establecimiento del Reino de Dios en su persona, su desarrollo hacia la culminación del tiempo, hacia el "Dios todo en todo", todos estos eventos implican historia. Cristo, por así decirlo, es el punto de unidad, del cual surge toda la diversidad de la historia mundial, en quien se concentra toda la diversidad histórica, y en quien la historia encontrará su cumplimiento y completitud. En su sentido más amplio, la fe reconoce en toda la historia la realización del Reino de Dios en Cristo, así como las fuerzas contrarias que constantemente intentan perturbar esto.

Me gusta la ambigüedad en Mateo 11:12, "Desde los días de Juan el Bautista hasta ahora, el Reino de los cielos sufre violencia [o, ha venido violentamente], y los violentos lo arrebatan por la fuerza" (NIV). Hay una doble violencia aquí, en ambas partes de la oración. Lo que Jesús quiere decir es que *o bien* el Reino llega con la violencia del Espíritu Santo, *o* los enemigos del Reino intentan detenerlo con violencia satánica. Concomitantemente, los "violentos" son o bien los discípulos de Jesús, que deben usar violencia espiritual para entrar (cf. Lucas 13:24, "esforzaos por entrar"), *o* los enemigos, que quieren erradicarlo. Esto sugiere una batalla en curso, en la que se usa la violencia en ambos lados: la "violencia" del Espíritu, el Reino es uno de "poder" (1 Corintios 4:20), en contra de la violencia de Satanás.

Esta batalla puede terminar con una victoria para sólo una de las partes involucradas. Una victoria para Cristo, por lo tanto, también implica juicio sobre sus enemigos. Este es un punto de suma importancia en nuestra respuesta a los adherentes de la idea de *creatio continua* (ver arriba). En cualquiera que sea la forma en que se presente esta idea, tan pronto como se afirme que Dios realiza su Reino a través del hombre, *y sólo a través del hombre*, ¿qué espacio queda para cualquier acción divina *contra* el hombre? ¿Qué espacio queda para un juicio en nombre de Dios sobre todas las acciones antinormativas del hombre? Si las acciones del hombre son completamente autónomas, nunca puede transgredir las leyes creacionales de Dios. En este caso, *ya* no hay acciones antinormativas, y por lo tanto no puede haber ningún juicio de Dios: no hay tribunal de juicio, no hay condenación, no hay juicios providenciales, no hay juicio final. Esto es exactamente lo que muchos teólogos modernistas querrían que creyéramos.

En su *Teología reformacional*, el teólogo estadounidense Gordon J. Spykman ha llamado a tales enfoques "teologías de dos factores", es decir, teologías que hablan de las acciones de Dios y del hombre pero rechazan el "tercer factor", la Palabra o ley de Dios, según la cual Dios juzga las acciones del hombre: "Porque todos debemos comparecer ante el tribunal de Cristo, para que cada uno reciba lo que le corresponda según lo que haya hecho mientras estaba en el cuerpo, sea bueno o malo" (2 Corintios 5:10). ¿Cómo podría haber un veredicto en un tribunal justo si no hubiera ley según la cual ciertas acciones son juzgadas como buenas o malas?

Rigidez y dinamismo

Una razón por la cual la idea de ordenanzas creacionales y su realización en la historia a menudo ha sido despreciada y descuidada es debido a la falsa impresión de que esta doctrina implica una inmutabilidad estática, rígida y estéril. Esta supuesta rigidez se coloca dualistamente en contra de la vibrante y dinámica versatilidad de la historia, que se atribuye a la acción (autónoma) humana. Esta idea exhibe no sólo la ignorancia, sino también la falta de comprensión de las dinámicas fundamentales y continuas incrustadas dentro del orden creacional mismo, las cuales deben ser desarrolladas por el hombre en el desarrollo histórico. Hay espacio para un tremendo cambio y dinamismo, siempre y cuando estos ocurran en obediencia a las estructuras preestablecidas y normativas que están incrustadas dentro del orden creacional.

Estas estructuras no implican un yugo apretado, que el hombre "autónomo" desearía arrojar. Al contrario, es precisamente *su* actuar de manera antinormativa, dentro del Estado o donde sea, lo que lleva al declive, la degeneración y la destrucción. Las ordenanzas creacionales fueron dadas por Dios no para hacer que nuestro trabajo en el Reino sea sombrío y pesado, sino para permitir este mismo trabajo de manera óptima.

Esta doctrina de las ordenanzas creacionales no debe confundirse con la de la teología natural tradicional, que ha causado mucho daño. Por lo general, esta teología escolástica no comenzó en absoluto con estructuras preestablecidas y normativas incrustadas dentro del orden creacional (en el lado ley). En cambio, postulaba relaciones sociales concretas y existentes (en el lado sujeto). Cuando la gente se oponía a estas relaciones existentes, una y otra vez esta teología natural cometía el error de justificar las estructuras existentes aferrándose frenéticamente al *status quo* con un falso recurso a las ordenanzas creacionales, o al Logos, o a algún tipo de "ley natural", o a estructuras sustanciales, o lo que fuera que se llamaran. Fue una confusión completa entre el lado ley y el lado sujeto. Los peores ejemplos de esto han ocurrido en el nacionalsocialismo "cristiano-alemán", y otras formas extremas de ideas racistas y de *apartheid*, que en ocasiones han sido justificadas por ciertos teólogos.

Sin embargo, tan fuera de lugar como fue esta defensa del *status quo*, también lo fue la reacción exagerada de la teología modernista, que ha separado las estructuras sociales de cualquier tipo de ordenanzas creacionales. Esta teología ha absolutizado y secularizado estas estructuras, totalmente de acuerdo con las demandas del pensamiento humanista, que se fundamenta en la idea apóstata de la autonomía humana. La tragedia de esto es grande: aquí, las personas están luchando por la realización del Reino de Dios en la tierra en el espíritu mismo de la independencia autónoma, que básicamente es rebelión, lo que el Rey va a juzgar cuando regrese. David dice, pero a través de él el Mesías, "Mañana tras mañana, destruiré a todos los impíos en la tierra, eliminando a todos los malhechores de la ciudad del Señor" (Salmo 101:8). La secularización humanista a gran escala de la vida social, incluida la vida política, no puede ser suavizada por teólogos que la disfrazan con un término como el Reino de Dios. Eso es sólo autoengaño.

Por más difícil que sea decirlo, debemos recordarnos mutuamente el hecho de que habrá "combatientes por el Reino de Dios" a quienes el Rey les dirá un día: "¡Nunca os conocí; apartaos de mí, hacedores de maldad!" (Mateo 7:23 NIV). Eso es exactamente lo que es: "maldad" (en griego: *anomia*); no sólo transgredir la ley, sino estar "sin ley", es decir, no reconocer ninguna ley divina por encima de uno mismo, excepto aquellas leyes que la propia voluntad y razón libres del hombre pueden aceptar. La apostasía de estas personas sin ley consiste en su rechazo de la ley de Dios, incluidas las ordenanzas que él ha instituido para las relaciones sociales. Estas personas a menudo hablan de Dios y su Reino, y a menudo lo hacen con una pasión admirable. Pero es un discurso de "dos factores": se trata de Dios y el hombre, pero no de los mandamientos de Dios.

Finalmente: la escuela cristiana

Al final de este estudio, quiero recordar una vez más al lector mi tema real: la importancia central del Reino de Dios y nuestra concepción cristiana del Estado. ¡El Señor reina! Pero también: ¡El Señor viene! Estas son las dos convicciones que deberían impregnar toda nuestra política cristiana, tanto en principio como en práctica.

Permíteme ilustrar esto nuevamente con un ejemplo. Se trata de un tema candente en varios países que hasta hace poco aún podrían llamarse países cristianos. Es el tema de la educación cristiana gratuita. La escuela cristiana no es sólo un asunto pragmático que implica una especie de educación de gueto en un mundo que, para los cristianos creyentes en la Biblia, se está convirtiendo cada vez más en una amenaza. Por el contrario, es un asunto de principio que los cristianos, en casa, en la iglesia *y en la escuela*, familiaricen a sus hijos y jóvenes con el Señor y su dominio. Más tarde, como adultos, pueden tomar sus propias decisiones. Pero es nuestra responsabilidad como padres y abuelos cristianos mostrarles el camino de la vida mientras son jóvenes. Este es el camino que muchos de nosotros aprendimos a recorrer cuando éramos jóvenes. Se lo mostramos a nuestros jóvenes, confiando en Proverbios 22:6: "Instruye al niño en su camino, y aún cuando sea viejo, no se apartará de él".

O como dijo Asaf:

> Proclamaré proverbios antiguos,
> todo lo que hemos oído y sabido,
> todo lo que nuestros padres nos contaron.
> No lo ocultaremos a sus descendientes;
> se lo contaremos a la próxima generación,
> a los hijos que nazcan después.
> Les diremos de las glorias del Señor,
> de su poder y de las maravillas que hizo.
> Dios puso en Jacob una norma
> y en Israel una ley;
> mandó a nuestros antepasados
> que enseñaran esto a sus hijos,
> para que lo supiera la generación venidera,
> los hijos que aún estaban por nacer,
> y para que, a su vez, lo contaran a sus hijos.
> Entonces ellos pondrían su confianza en Dios,
> no se olvidarían de sus obras,
> sino que cumplirían sus mandamientos
> (Salmo 78:2-7)

El punto esencial que mencioné fue: familiarizarlos con el Señor y su dominio, su Reino. Este dominio no sólo concierne al funcionamiento de las escuelas y universidades como tales, sino especialmente al contenido de las lecciones.

Queremos que nuestros hijos sean enseñados en geografía por expertos que confiesen que "la tierra es del Señor" (Salmo 24:1; 1 Corintios 10:26) y que Jesús es el Rey de esta tierra (Mateo 28:18).

Queremos que nuestros hijos sean enseñados en historia por expertos que confiesen que la historia es esencialmente el progreso del Reino de Dios, con todas las luchas que lo acompañan, o el "traer", y al final el "retraer", "al Primogénito de Dios al mundo" (Hebreos 1:6).

Queremos que nuestros hijos sean enseñados en literatura moderna por expertos que conozcan no sólo los valores estéticos, sino también los principios morales del Reino de Dios.

Queremos que nuestros hijos sean enseñados en ciencias naturales por expertos que tengan conocimiento de la creación de Dios y su recreación dentro del Reino de Dios.

Queremos que nuestros hijos sean enseñados en religión por "los maduros", por "aquellos cuyos sentidos están ejercitados en el discernimiento del bien y del mal" (Hebreos 5:14).

Permíteme repetir: rechazamos de todo corazón la ilusión de la neutralidad en cualquier dominio, pero ciertamente cuando se trata de educar a los inmaduros, a nuestros jóvenes. No existe tal cosa como una educación religiosa neutral porque el maestro nunca puede ser neutral. Y si se supone que al menos debe intentar dar una *presentación* neutral de la religión, o las religiones, no hay razón por la cual un maestro cristiano no pueda hacerlo igual de bien que un maestro humanista, liberal o ateo. Es una forma desagradable de discriminación sugerir que los maestros cristianos de religión son más prejuiciosos que los maestros humanistas, agnósticos, ateos, socialistas o liberales de religión.

A propósito, aquellos que abogan por este tipo de educación neutral nunca son pensadores neutrales. Siempre son necesariamente humanistas, agnósticos, darwinistas, marxistas, ateos, socialistas, liberales o revolucionarios quienes intentan convencernos de esta ilusión. No parecen tener miedo de las influencias humanistas, agnósticas, darwinistas, marxistas, ateas, socialistas, liberales o revolucionarias sobre los niños en edad escolar. Parecen tener miedo de las influencias cristianas sobre los niños. Esto es lo que está sucediendo en países que antes se consideraban cristianos, pero que ahora se están secularizando con gran rapidez. No es neutralidad lo que nuestros oponentes realmente quieren, es secularización, es decir, empujar la religión hacia el borde de la sociedad. No son las lecciones de religión lo que les molesta *per se*, sino la escuela cristiana como tal.

Es mi oración que los cristianos en todos nuestros países occidentales puedan despertar. Con este fin, he escrito este libro sobre el Estado y el Reino de Dios. En última instancia, el Reino de Dios triunfará. Pero eso no nos impide experimentar derrotas localmente si los cristianos no están atentos y no están equipados con perspectivas cristianas sobre el Estado y la escuela. Combatan la mentira de la neutralidad y sigan las palabras finales del viejo apóstol Pablo (2 Timoteo 4:1-4, 7-8, 18, cursivas añadidas):

> Te encarezco delante de Dios y del Señor Jesucristo, que juzgará a los vivos y a los muertos en su manifestación y en su reino: que prediques la palabra; que instes a tiempo y fuera de tiempo; redarguye, reprende, exhorta con toda paciencia y doctrina. Porque vendrá tiempo cuando no sufrirán la sana doctrina, sino que teniendo comezón de oír, se amontonarán maestros conforme a sus propias concupiscencias, y apartarán de la verdad el oído y se volverán a las fábulas [como el mito de la neutralidad, WJO]. ... He peleado la buena batalla, he acabado la carrera, he guardado la fe. Por lo demás, me está guardada la corona de justicia, la cual me dará el Señor, juez justo, en aquel día; y no sólo a mí, sino también a todos los que aman su venida. ... Y el Señor me librará de toda obra mala y me preservará para su *reino* celestial. A él sea gloria por los siglos de los siglos. Amén.

Preguntas para revisión

1. ¿Qué percepciones para la fundación del Estado obtenemos de la tríada "creación-caída-redención"?

2. ¿Por qué sería mejor fundamentar el origen del Estado en la creación, en lugar de en la caída o en la redención?

3. ¿Por qué no deberíamos separar la Palabra creadora de Dios de su Palabra recreadora?

4. ¿Cuáles son dos puntos de vista alternativos a la doctrina de las ordenanzas creadoras, y por qué cada uno es defectuoso?

5. ¿Qué se entiende por "teologías de dos factores" y por qué son insuficientes?

6. Distinga entre la doctrina de las ordenanzas creadoras y lo que se llama "teología natural".

7. ¿Cuál es el propósito y objetivo de la educación cristiana?

8. Dé ejemplos de cómo la mentira de la neutralidad afecta la educación y la política.

CAPÍTULO IX

LA ESCUELA CRISTIANA
BAJO ATAQUE

Varios puntos mencionados en este libro hasta ahora pueden ilustrarse mejor mediante un estudio de caso relevante. He elegido un litigio en el que la libertad de la escuela cristiana está en juego, debido a que las autoridades (en este caso, de una provincia canadiense) asumen tareas que no les corresponden adecuadamente. Encontré los materiales sobre este caso en el sitio web (arpacanada.ca) de la Asociación para la Acción Política Reformada (ARPA), ubicada en Canadá, y en los sitios web de varios servicios de noticias, especialmente Mondaq. Este caso involucra al Colegio Loyola en Montreal, una institución católica romana (jesuita) privada, no financiada públicamente. Los textos en el sitio web de ARPA fueron escritos por el abogado de ARPA, André Schutten; los uso libremente aquí con su amable permiso.

El problema

El Ministerio de educación, Deportes y Ocio de Québec había redactado su propio curso de Ética y Cultura Religiosa (ERC). El objetivo aparente era y es un esfuerzo deliberado por reemplazar los programas existentes de instrucción religiosa y moral católica romana y protestante en las escuelas públicas de Québec con instrucción ética no denominacional y la presentación de varias religiones de manera "cultural" en lugar de "religiosa" y "neutral" en lugar de "partidista".

Mientras que anteriormente, a los estudiantes se les permitía elegir entre instrucción católica romana, instrucción protestante o un curso de moral y ética no confesional, de 2005 a 2008, el Gobierno de Québec gradualmente pasó a reemplazar este sistema con el único curso obligatorio de ERC. El Ministro de educación de Québec ha declarado que el cambio tenía la intención de "reflejar mejor la realidad cada vez más pluralista de Québec".

Según la legislación aplicable, el curso de ERC es obligatorio para todos los estudiantes de los grados 1-11 en Québec (con la excepción de los estudiantes de noveno grado), independientemente de si asisten a escuelas públicas o privadas o son educados en el hogar. A los padres no se les da la opción de eximir a sus hijos del curso.

La Escuela Loyola había pedido una exención del requisito de enseñar este material desde una perspectiva "neutral". Ya habían incluido este material del curso (¡y más!) en un programa de religión basado en su propia perspectiva o visión del mundo católica romana en lugar del "relativismo moral" del curso, que se consideraba "incompatible con las creencias católicas romanas". Esta solicitud de exención se hizo en nombre de toda la comunidad del Colegio Loyola, y fue respaldada por opiniones de expertos sobre los méritos de su programa en comparación con el plan de estudios de ERC de Québec. De hecho, ARPA ha informado sobre un estudio académico y social llevado a cabo por Cardus (un grupo de reflexión cristiano dedicado a la renovación de la arquitectura social norteamericana) que demuestra que las escuelas independientes dirigidas por padres producen mejores ciudadanos.

Sin embargo, el Ministerio de educación de Québec se negó a otorgar la exención, por lo que Loyola llevó el caso a los tribunales. Su argumento es que prohibir la enseñanza de la religión y la ética desde una perspectiva religiosa o confesional en una escuela católica romana privada infringe el derecho religioso de una institución cristiana a garantizar la educación religiosa y moral de sus estudiantes de acuerdo con sus convicciones.

Los argumentos del Colegio Loyola incluyeron lo siguiente: "...Creemos que la 'neutralidad' metodológica propuesta por el programa de ética y cultura religiosa es problemática en teoría, porque implica un relativismo moral que contradice las creencias de muchas personas y religiones, incluido el catolicismo. La 'neutralidad' propuesta también es irrealista e imposible de lograr en la práctica. (Identificar honestamente nuestra posición es un enfoque más 'objetivo' que adoptar una neutralidad que realmente no se puede lograr). Nuestros enfoques difieren desde el punto de vista ético, en particular, pero el objetivo de enseñar respeto por todos, independientemente de nuestras creencias o costumbres individuales, es de crucial importancia para nosotros. Como mencionamos en nuestra última carta, nuestro ideal ético no es simplemente 'tolerar' a los demás, sino de hecho 'amar' a los demás, como nuestra fe cristiana nos enseña".

La apelación

El juez del juicio aceptó esa posición, declarando en un momento dado que la negativa del gobierno de Québec a tolerar cualquier perspectiva confesional rozaba el totalitarismo. Sin embargo, esta decisión favorable por parte del Tribunal Superior de Québec fue apelada por la provincia ante la Corte de Apelación de Québec.

El 4 de diciembre de 2012, la Corte de Apelación emitió una decisión impactante, una que tiene implicaciones directas para otras formas de educación cristiana en Canadá, y quizás en otros lugares. La decisión requería que el Colegio Loyola enseñara el curso de ERC de la provincia y lo enseñara desde una perspectiva "secular". La decisión de la Corte de Apelación declaró que, dado que el propio curso de Religiones del Mundo de Loyola tiene una orientación católica romana, no podía considerarse *equivalente* al programa de ERC, porque el curso de ERC estaba específicamente diseñado para ser "neutral" desde el punto de vista religioso. El Tribunal dictaminó que es razonable que un gobierno requiera que una escuela cristiana deje de lado su propio punto de vista cristiano durante una hora al día para enseñar sobre otras religiones y sobre ética.

Con esta decisión, la Corte de Apelación optó por anular la decisión del Tribunal Superior de Québec, que se basaba en pruebas expertas extensas. Lo hizo a favor de las ambiciones del gobierno de Québec, que afirmaba que su programa era más adecuado para una mayor tolerancia en la sociedad.

No fue la primera vez que se tomó una decisión de este tipo por parte de jueces canadienses. En febrero de 2012, la Corte Suprema de Canadá había fallado en contra de los padres que querían sacar a sus hijos del curso obligatorio en una escuela financiada públicamente. La Corte Suprema dictaminó que los padres no habían demostrado que el curso perjudicara objetivamente su libertad religiosa.

Después de la decepcionante decisión de la Corte de Apelación, el Colegio Loyola presentó una solicitud el 1 de febrero de 2013 ante la Corte Suprema de Canadá, buscando permiso para apelar. El 13 de junio de 2013, la Corte Suprema aceptó la solicitud, y la apelación se escuchará en abril de 2014. Todos los partidarios de la educación cristiana en Canadá, y en otros países también, deberían estar muy interesados en el resultado de este caso. Las denominaciones cristianas reformadas, por ejemplo, dirigen sus propias escuelas independientes, y la decisión de la Corte de Apelación de Québec plantearía una infracción asombrosa sobre cómo los cristianos reformados, de hecho *todos* los cristianos, educan a sus hijos de manera bíblica.

ARPA Canadá planea intervenir ante la Corte Suprema de Canadá para abogar por el principio de que los gobiernos deben reconocer el papel primordial de los padres en la educación de sus hijos, especialmente en materias como religión, ética, moralidad y sexualidad. ARPA opina que la Corte Suprema debe proteger las libertades de religión y asociación de los impulsos totalitarios del gobierno provincial de Québec, y reconocer y afirmar el derecho y el beneficio de permitir que la cosmovisión cristiana compita en la esfera pública.

Argumentos del Ministerio de Educación

Aquí hay algunos de los argumentos que el Ministerio de educación de Québec utilizó en su respuesta al Colegio Loyola:

"...Según el resumen del programa propuesto por el Colegio Loyola y enviado al departamento para su evaluación, el programa se basa en la fe católica y su principal objetivo es la transmisión de creencias y convicciones católicas. Abarca una concepción de los demás, pero una vez más desde una perspectiva cristiana católica.

"Nuevamente, según el resumen del programa presentado al departamento para su evaluación, parece que, contrariamente al programa de Ética y Cultura Religiosa, el programa del Colegio Loyola no lleva al estudiante a reflexionar sobre el bien común, o sobre problemas éticos, sino más bien a adoptar la perspectiva jesuita del servicio cristiano. . . .

"La formación en cultura religiosa del programa de Ética y Cultura Religiosa está dirigida a una comprensión ilustrada de las muchas expresiones de la experiencia religiosa presente en la cultura de Québec y en el mundo. Cada tradición religiosa se observa individualmente sin comparación o referencia a otra tradición. Según el resumen del programa propuesto por el Colegio Loyola y transmitido al departamento para su evaluación, el programa no cumple con los requisitos del programa de Ética y Cultura Religiosa en términos de cultura religiosa, ya que las religiones se estudian en conexión con la religión católica.

"Nuevamente, según el resumen del programa presentado al departamento para su evaluación, el programa propuesto por el Colegio Loyola se distingue del programa de Ética y Cultura Religiosa en términos del rol del profesor. En el programa de Ética y Cultura Religiosa, la responsabilidad principal del profesor es ayudar y guiar a los estudiantes en sus reflexiones, mientras que según la información proporcionada al departamento, parece que el profesor del programa propuesto por el Colegio Loyola tiene que enseñar los fundamentos de la religión y el universo de las creencias católicas jesuitas".

Contraargumentos

Observa cuidadosamente lo que está sucediendo en el razonamiento del Ministerio citado anteriormente. Los argumentos del Ministerio son muy simples. El programa de Loyola difiere del programa ERC, y el programa ERC debe implementarse en todas las escuelas secundarias de Québec. En consecuencia, no hay lugar para el programa de Loyola. Las preguntas básicas subyacentes ni siquiera se abordan, y mucho menos se responden.

En primer lugar, la mera existencia del programa de Ética y Cultura Religiosa es sorprendente. Es ridículo que un país permita, por un lado, la existencia de escuelas con trasfondo religioso (católico romano, protestante, judío, musulmán, cualquiera), pero, por otro lado, se niegue a permitir que esas escuelas tengan el derecho de enseñar religión a sus propios alumnos a su manera. Es como decir: permitimos tu escuela religiosa, pero *enseñaremos* religión a tus estudiantes, porque confiamos más en nosotros mismos en este aspecto que en ti. Pero ¿por qué entonces tener escuelas religiosas en primer lugar, si ni siquiera se les permite manejar su propio negocio principal? Se parece mucho a un primer intento de deshacerse de las escuelas cristianas en Québec por completo.

En segundo lugar, la pregunta más fundamental es esta: ¿Es tarea del Estado o la provincia enseñar ética y religión? Para nada. Enseñar religión va mucho más allá de la tarea real del Estado, que es mantener la justicia pública. Es una primera característica del Estado totalitario, que se arroga todas las tareas que realmente pertenecen a otras relaciones sociales, en este caso, la escuela. Por supuesto, el Estado debe garantizar el *nivel de calidad* de los programas escolares, para proteger a los niños contra una educación inferior. Una educación inferior no estaría en el mejor interés del Estado. Pero el Estado no tiene nada que ver con estipular la *orientación* religiosa o ideológica de los programas escolares. El Estado no puede culpar a una escuela católica romana o protestante por desear enseñar religión de manera católica romana o protestante, respectivamente. De lo contrario, ¿por qué existiría una escuela católica romana o protestante en primer lugar?

En tercer lugar, tanto el Ministerio de educación de Québec como la Corte de Apelación aparentemente creen en el cuento de hadas de la educación "neutral". Cito aquí las palabras del Dr. Douglas B. Farrow, profesor de pensamiento cristiano en la Universidad McGill (Montreal), quien testificó como testigo experto durante el juicio de este caso: "…primero, que el programa de Ética y Cultura Religiosa (ERC) representa una transferencia significativa de poder de la sociedad civil al Estado; segundo, que sus objetivos ambiciosos contradicen cualquier reclamo de neutralidad; tercero, que el programa ERC está destinado a proporcionar formación (es decir, cultivar una visión del mundo y una forma de pensar y actuar coherentes con esa visión del mundo) y no sólo información, y que la formación que espera proporcionar es en algunos puntos incompatible con una formación católica; cuarto, que la imposición de este plan de estudios (con su pedagogía obligatoria) en las escuelas católicas constituye, desde la perspectiva de la Iglesia Católica, una violación de derechos fundamentales, así como una derrota para ciertos objetivos del programa al reconocer la diversidad".

Y en otro lugar: "Lo que es particularmente insidioso sobre la imposición universal del programa ERC es que socava las tres libertades constituyentes [es decir, la libertad de religión, de pensamiento y de conciencia, WJO]. Lo hace al pretender defender la primera de ellas, pero de tal manera que arrebata a los padres la responsabilidad principal de cultivar esa libertad, y a la Iglesia Católica su misión educativa. Frente a esto, se presenta el reclamo de *Dignitatis humanae* [una declaración sobre la libertad religiosa del papa Paulo VI, 1965, WJO], que afirma que los padres 'tienen el derecho de determinar, de acuerdo con sus propias creencias religiosas, el tipo de educación religiosa que sus hijos van a recibir', y que 'los derechos de los padres se violan si se obliga a sus hijos a asistir a lecciones o instrucciones que no están de acuerdo con sus creencias religiosas'. En contra de ello también se encuentra la afirmación de que 'la escuela católica forma parte de la misión salvadora de la Iglesia, especialmente para la educación en la fe'. En contra de ello está, de hecho, la obligación de Canadá tal como se explica en los artículos 10 y 13 del *Pacto Internacional de Derechos Económicos, Sociales y Culturales* [de las Naciones Unidas, 1966, WJO], y el deseo de la sociedad de Québec de preservar y mejorar la libertad de pensamiento, la libertad de conciencia y la libertad religiosa".

Argumentos de la Corte de Apelación

La Corte de Apelación dictaminó que la negativa del Ministerio de educación a otorgarle a la Escuela Secundaria Loyola una exención fue una decisión dentro de la esfera de discreción conferida por la legislatura en el diseño e implementación del Curso. De hecho, fue consistente con la intención legislativa de "desconfesionalizar" la educación en Québec.

La decisión del Ministro de que el curso alternativo enseñado por la Escuela Secundaria Loyola no era equivalente al curso ERC tenía derecho a un alto grado de deferencia por parte de la Corte. Si bien los dos cursos eran similares, el curso de Loyola fue indudablemente enseñado desde una perspectiva católica romana. El Ministro estaba dentro de su discreción al decidir que los objetivos del curso ERC no podrían cumplirse si se enseñaban desde una perspectiva religiosa.

Hubo dudas sobre si la Escuela Secundaria Loyola, como persona jurídica, tenía derecho a la libertad de religión (un derecho posiblemente otorgado sólo a individuos según *la Carta de Derechos y Libertades* canadiense). (El Fiscal General de Québec argumentó que, como "persona moral", en el sentido de una corporación, organización o institución, la escuela no tenía derecho a la libertad de religión según la *Carta de Derechos y Libertades* canadiense. Aunque la Corte de Apelación eludió este problema, la Corte Suprema de Canadá se enfrentará a esta pregunta directamente).

La Corte de Apelación también dictaminó que no hubo una infracción significativa de los derechos religiosos en este caso, dado que el curso ERC era sólo uno de muchos cursos impartidos en la escuela, y no requería que los profesores refutaran las creencias católicas romanas, sino sólo que se abstuvieran de expresar sus opiniones o convicciones sobre cualquiera de las religiones discutidas en el curso ERC. Requerir que la Escuela Secundaria Loyola enseñe varias creencias religiosas desde una perspectiva global y ética sin requerir adhesión a esas creencias no constituía una violación de la libertad religiosa. Simplemente implicaba que la Escuela Secundaria Loyola dejara de lado su perspectiva católica romana durante la duración de una clase. Incluso si hubiera una infracción de la libertad religiosa, esa infracción estaría justificada por los importantes objetivos del curso de reconocer la diversidad y la búsqueda del bien común.

Comentarios sobre la decisión de la Corte de Apelación

En primer lugar, el veredicto de la Corte de Apelación de Québec en sí mismo no es "neutral". Implica una defensa del Estado laico con la idea de que el Estado laico está mejor equipado que los maestros cristianos para enseñar a los niños cristianos sobre religión. Esta idea no se basa en investigaciones sociales científicas, sino aparentemente sólo en la ideología preconcebida del Estado laico. Se podría decir que, aparentemente, es la ideología de la Corte de Apelación de Québec la que sostiene que Québec debe adoptar una postura "neutral" hacia toda ideología excepto la ideología del Estado laico como tal.

En segundo lugar, si la Corte considera que el programa religioso del Estado es más adecuado para una mayor tolerancia en la sociedad, la Corte no muestra esta tolerancia hacia la perspectiva cristiana (católica romana o protestante). La Corte de Apelación ha infringido gravemente el derecho de los padres a dirigir la educación religiosa de sus propios hijos. Esta decisión establece un precedente para los padres católicos romanos en Québec, y de hecho para todos los padres cristianos que puedan querer enviar a sus hijos a una escuela cristiana privada o independiente. Los cristianos quieren brindar a sus hijos una educación moral y religiosa auténtica de acuerdo con su fe y cosmovisión religiosa. Este es un derecho que una comprensión sólida de la *Carta de Derechos y Libertades* canadiense debería reconocer y garantizar.

En tercer lugar, la enseñanza de las religiones del mundo como lo prefiere la Corte de Apelación devalúa la religión a favor de un enfoque fenomenológico y relativista. El fallo otorga más poder a los gobiernos provinciales de todo el país, algunos de los cuales devalúan los derechos religiosos de sus ciudadanos y sus instituciones. Se ha sentado el precedente para una separación forzada entre educación y fe, entre la indoctrinación secular obligatoria y la formación de cosmovisión cristiana. La Corte Suprema de Canadá necesita corregir esto urgentemente. Necesita afirmar los derechos parentales en educación, proteger la libertad de religión y asociación de los impulsos totalitarios del gobierno, y reconocer y afirmar el derecho y el beneficio de permitir la cosmovisión cristiana en la esfera pública.

En cuarto lugar, la política subyacente es asombrosa, por decir lo menos. De hecho, la Corte de Apelación establece un precedente mediante el cual el gobierno puede obligar a cualquier escuela cristiana a dejar de lado sus creencias y valores religiosos para enseñar ciertas materias. ¿Cómo podríamos imaginar que los maestros cristianos tengan que enseñar a los niños cristianos que las cosmovisiones islámicas, budistas o wiccanas son tan aceptables como la cosmovisión cristiana? ¿O cómo podríamos imaginar que los maestros cristianos discutan temas éticos y morales, por ejemplo, como el aborto o la homosexualidad, desde una posición de "neutralidad religiosa"?

La decisión de la Corte de Apelación de Québec, así como decisiones similares en casos relacionados, evidencian una clara preferencia por un enfoque secular hacia la instrucción religiosa. También exhibe una tendencia judicial creciente a limitar el derecho de los administradores y padres a controlar la instrucción religiosa que reciben sus hijos en la escuela, con el fin de promover el multiculturalismo y el diálogo entre las religiones.

Es de suma importancia que los cristianos en todas partes del mundo occidental se den cuenta de estas tendencias subyacentes. sólo pueden tomar una posición, creo, si cumplen con ciertas condiciones esenciales:

(a) Deben desarrollar una visión cristiana clara del Estado, y en ese contexto también de la escuela cristiana, y de la coherencia adecuada de todas las relaciones y comunidades sociales.

(b) Deben desenmascarar la tendencia de secularización (en el sentido de excluir la religión de la vida pública), y la interpretación falsa subyacente de la separación entre iglesia y Estado, como si esto fuera lo mismo que la separación entre religión y sociedad.

(c) Deben refutar la falsedad de la "neutralidad" religiosa, detrás de la cual se esconden varios "-ismos": relativismo religioso y ético, multiculturalismo y, por lo general, liberalismo o socialismo.

Es mi oración que el presente libro pueda contribuir a esta creciente conciencia de los principios cristianos vitales.

BIBLIOGRAFÍA CONCISA

N.B. No incluí ningún artículo ni capítulo de libro.

Bartholomew, C., Chaplin, J. y Wolters, A. (comps.) 2002. *A Royal Priesthood: The Use of the Bible Ethically and Politically*. Grand Rapids: Zondervan.

Chaplin, J. 1985. *The Gospel and Politics: Five Positions*. Toronto: Institute for Christian Studies.

Clouser, R.A. 1991, 20052. *The Myth of Religious Neutrality: An Essay on the Hidden Role of Religious Beliefs*. Notre Dame: University of Notre Dame Press.

Dooyeweerd, H. 1968. *The Christian Idea of the State*. Nutley: The Craig Press.

Dooyeweerd, H. 1979, 2003 (repr.). *Roots of Western Culture: Pagan, Secular, and Christian Options*. Lewiston: Edwin Mellen Press.

Dooyeweerd, H. 1986. *A Christian Theory of Social Institutions*. Jordan Station: Paideia Press.

Dooyeweerd, H. 2008 (repr.). *The Struggle for a Christian Politics*. Lewiston: Edwin Mellen Press.

Fowler, S. 1985. *Biblical Studies in the Gospel and Society*. Potchefstroom: PU for CHE.

Fowler, S. 1988. *The State in the Light of the Scriptures*. Potchefstroom: PU for CHE.

Fowler, S. (comp.) 1990. *Christian Schooling: Education for Freedom*. Potchefstroom: PU for CHE.

Goudzwaard, B. 1972. *A Christian Political Option*. Toronto: Wedge.

Goudzwaard, B. 2001. *Globalization and the Kingdom of God*. Grand Rapids: Baker Books y the Center for Public Justice.

Groen van Prinsterer, G. (1847) 2000. *Unbelief and Revolution: A Series of Lectures in History*. Jordan Station: Wedge.

Hancock, R. 1989. *Calvin and the Foundations of Modern Politics*. Ithaca: Cornell University Press.

Heffernan Schindler, J. (comp.). 2008. *Christianity and Civil Society: Catholic and Neo-Calvinist Perspectives*. Lanham: Lexington Books.

Joireman, S.F. (comp.). 2009. *Church, State, and Citizen: Christian Approaches to Political Engagement*. New York: Oxford University Press.

Lugo, L.E. (comp.) 2000. *Religion, Pluralism, and Public Life: Abraham Kuyper's Legacy for the Twenty-First Century*. Grand Rapids: Eerdmans.

McCarthy, R.M., Oppewal, D., Peterson, W. y Spykman, G. 1981. *Society, State, and Schools: A Case for Structural and Confessional Pluralism*. Grand Rapids: Eerdmans.

McCarthy, R.M., Skillen, J.W. y Harper, W.A. 1982. *Disestablishment a Second Time: Genuine Pluralism for American Schools*. Grand Rapids: Eerdmans.

Marshall, P. 2002. *God and the Constitution: Christianity and American Politics*. Lanham: Rowman y Littlefield.

Monsma, S. y Soper, J.C. (comps.) 1998. *Equal Treatment of Religion in a Pluralistic Society*. Grand Rapids: Eerdmans.

Mouw, R. 1976. *Politics and the Biblical Drama*. Grand Rapids: Baker.

Mueller, W.A. 1965. *Church and State in Luther and Calvin*. Garden City: Doubleday Anchor Books.

Neuhaus, R.J. (comp.) 1987. *The Bible, Politics, and Democracy*. Grand Rapids: Eerdmans.

Ouweneel, W.J. 2014. *Wisdom For Thinkers: An Introduction to Christian Philosophy*. Jordan Station: Paideia Press.

Skillen, J.W. (comp.) 1982. *Confessing Christ and Doing Politics*. Washington: APJ Education Fund.

Skillen, J.W. 2004. *In Pursuit of Justice: Christian-Democratic Explorations*. Lanham: Rowman y Littlefield.

Skillen, J.W. y McCarthy, R.M. (comps.) 2001. *Political Order and the Plural Structure of Society*. Grand Rapids: Eerdmans.

Spykman, G.J. 1992. *Reformational Theology: A New Paradigm for Doing Dogmatics*. Grand Rapids: Eerdmans.

Storkey, A. 2005. *Jesus and Politics: Confronting the Powers*. Grand Rapids: Baker Academic.

Strauss, D.F.M. 1999. *Being Human in God's World*. Bloemfontein: Tekskor.

Taylor, E.L.H. 1966. *The Christian Philosophy of Law, Politics and the State*. Nutley: Craig Press.

Van Riessen, H. 1965. *Christian Approach to Politics*. Amsterdam: Vrije Universiteit.

Van Til, C. 1979. *Essays on Christian Education*. Phillipsburg: Presbyterian y Reformed Publishing.

Wolters, A. 1986. *Creation Regained: A Transforming View of the World*. Leicester: Inter-Varsity Press.

ÍNDICE DE ESCRITURAS

ÍNDICE DE TEMAS

www.ingramcontent.com/pod-product-compliance
Lightning Source LLC
Chambersburg PA
CBHW071325120626
46546CB00002B/446